「わかり合えない」からはじめる国際協力

吉岡大祐
Yoshioka Daisuke

旬報社

はじめに

世界地図を広げてみると、世界には実にたくさんの国があることがわかります。

日本が承認している一九六カ国のうち、約七割にあたる一四六カ国が「開発途上国」と呼ばれ、さまざまな問題を抱えています。

貧困をはじめ教育や医療、感染症など衛生に関わる問題、中には紛争や災害、飢饉《ききん》など、より複雑な問題を抱えている国もあります。


開発途上国が直面する問題の多くは、現地の人たちだけで解決することが難しく、これまで先進国の政府や国際機関、民間団体などによるさまざまな「国際協力」が行われてきました。

大きな成果をあげたものもあれば、まだ道半ばの活動もあります。

世界には今も、誰かの助けを必要としている人がたくさんいるのです。

僕は一九九八年、鍼灸《しんきゅう》師免許を取得した後、二二歳のとき単身ネパールへ渡りました。

なにかやりたいことがあったわけではありません。

たまたま父の友人のネパール人から「ネパールに来たらいいよ」と声をかけてもらったこと、なにをおいても生活費の安さが決定打となり、「日本を飛び出してアメリカで暮らしたい」という子どもの頃からの夢の第一歩を踏み出すため、その準備体操のつもりでネパールへ行くことを決めました。

ネパールでの暮らしが始まってから、厳然たるカースト制が温存された社会の中で、ただ事でない貧しさとこの上ない悲惨さが襲いかかる人々を前に、何度も動揺しました。

「人はみな平等」という言葉が単なるきれい事のように思え、むなしさを感じたこともありました。

同時に、透徹した空の色を写したような子どもたちの美しい笑顔とけなげな優しさ、なにより「勉強してお母さんを助けたい」という純粋な思いに、心を奪われる思いがしました。

衝動に駆られるままはじめた無償の鍼灸治療、へき地での医療キャンプ、貧しい子どもたちの就学支援と寺子屋の開設。二〇〇四年には日本の高校生の協力のもと、現地の仲間とともにゼロから「クラーク記念ヒマラヤ小学校」を立ち上げ、その運営に携わってきました。

ネパール社会には今も教育の遅れから学校を求める声がたくさんあります。

しかし、建物をつくるだけの「ハコモノ支援」や援助に対する過度な依存、さらに地元有力者による利権や政治腐敗による援助資金の霧消など、外国援助をめぐるさまざまな問題によって、善意でつくられた学校がわずか数年で廃校になってしまうケースが後を絶ちません。

いくら立派な学校をつくっても継続しなければ教育を根付かせることはできず、純粋に教育を求める子どもたちの夢を打ち砕く結果となってしまいます。

援助をとりまく不可解な現実にひどくまごつきましたが、とにかく自力をつけ、どんなことがあっても継続できる学校をつくろう、そう心に誓いました。

しかし現実は厳しく、開校してすぐ学校運営は危機に直面しました。

学校の建設費用を可能な限り抑え、一部の不急な工事をやめるなどして当面の運営資金をねん出しましたが、運営委員会の一部メンバーが何の相談もなく備品を購入したり、止めたはずの工事を発注したりして資金を使い果たしてしまったのです。

どれも緊急性のないものばかり。「日本がつくった学校なのに未完成では恥ずかしい」というのが彼らの言い分でした。

もともと呑気《のんき》な国民性もあってネパール人の多くは計画性に乏しく、最悪の事態に備えることが苦手です。

そこにきて社会全体が外国援助に依存してしまっていることもあり、どうせすぐ援助がくるだろう、という安易な考えが彼らの言動から透けて見えました。

貧しい子どもたちのために学校をつくりたい、という思いは一致していた運営委員会でしたが、いざ運営となるとメンバーの間で意識に大きな相違があることを痛感しました。

「もっともっと」ではなく、「もう十分」と言える自分たちを手に入れるため、まずは身内の意識から変えていかなければ……。

さかまく大波の中を小舟で渡るような思いがしました。

ただ、そんな中でも自分たちでやっていこう、という思いを共有できるメンバーが少なからずいたことは大きな救いでした。

特にヒマラヤ小学校のヤッギャ・シャキャ校長が学校のために身を粉にして努力する姿には心を打たれ、学校づくりに全力で向き合う力となりました。ヤッギャ校長がいなければ、学校は今頃どうなっていたのか分かりません。人に恵まれた幸運に感謝するばかりです。

自立は一朝一夕に成し遂げられるものではありません。当面の運営資金を確保するため、児童一人を一人の個人支援者に支えてもらう「スポンサーシップ」という形をとることにしました。

支援者は思うように集まらず長く綱渡りの状態が続きました。それでも入学した子どもたちが鈴を張ったような目を輝かせ、学びの喜びを爆発させる姿を見て、「こんなに素晴らしい子どもがいるかぎり必ず道は開ける」と自分たちを信じることができました。

とにかく一つひとつ真実をきちんと伝えて行こう。一切の飾りを捨て、学校が抱える問題や課題、弱点もすべて誠実に伝えていけば、ともに歩んでくれる人は必ずいるはず。その人たちとともに学校づくりを進め、いつか自立を果たしたい、そう強く思いました。


ありがたいことに多くの人の温かい善意に支えられ、学校は今も継続することができています。

お小遣いをコツコツためて協力してくれた小学生や初めてのバイ

2004年に開校したヒマラヤ小学校。卒業生はこれまでに300人を超える

ト代を寄付してくれた大学生、貧しかった少年時代の自分と子どもたちの姿を重ね涙ながらに大きな支援をしてくれた経営者の方、もうすぐ一〇〇歳になるおばあちゃんは子どもたちの幸せをいつも祈りながら支援を続けてくれています。本当に多くの人の思いがひとつの力となっ

て学校を、そして子どもたちを支えてくれているのです。

カタツムリが地をはうように学校の自立の道もゆっくりと進んでいます。

卒業生も三〇〇人を超え、今では学校を支える大きな力となっています。

いつか援助を卒業し、一方的な依存ではなく自立に根ざした支援者との「相互依存」の関係を構築することが、学校の目指すべき将来の姿だと信じています。


ふり返れば「国際協力」などとは思わず、ただ目の前の苦しむ人をなんとかしたいという思いだけで飛び込み、続けてきた二五年でした。

知識も経験もまったくない「素人」の自分がやってきたささやかか

な活動も、もしかすると国際協力のひとつの形かも知れません。

現場に身を置き、現場の仲間とともに続けた活動の記録から、あらためて国際協力とはなにかをじっくり考えてみたい、そう思っています。

本書がこれから国際協力を目指す若い人たちにとってなんらかのヒントとなり、世界のどこかで助けを必要としている誰かを救うきっかけとなれば望外の喜びです。

目次

第2章

「違い」が気づかせてくれること

第3章

現場で考え、現場で決める

D

第4章

なぜ国際協力は失敗するのか

第6章 開校から二〇年目を迎えて……171

第１章

国際協力ってなんだろう？

水場で見たショッキングな光景

新聞やテレビ、インターネットなどで貧しい国の人々の窮状を目にしたとき、なにかしら心が動いた経験がある人は多いのではないでしょうか。さざ波のようなかすかなものから、心の奥底にグサッと刺さるような感覚まで、さまざまだと思います。

中には「役に立ちたい」という衝動に突き動かされ、募金や寄付をしたり文房具や医療品を集めたりするなど、行動に移した人もいるかもしれません。

僕も小学三年生の頃、「水汲《く》みに片道一時間……」というナレーションとともに、アフリカのどこかの国の子どもが、京都の大原女《おおはらめ》のように頭の上に大きな水瓶をのせて水を運ぶ様子をテレビコマーシャルで見て、子どもながらに手伝ってあげたいという気持ちになったことを覚えています。

実際には誰かを助けたいという正義感や思いやりよりも、学校で勉強するより水汲みの方が楽しそう、という気持ちが強かったのですが、今思えば途上国に対するささやかなシンパシーを感じ、国際協力に対する関心の芽がほんのわずかながらも芽生えたのは、そのテレビコマーシャルがきっかけだったように思います。

実はその後、小学四年生のときに家族旅行でネパールを訪ねた際、実際に水汲みを手伝う体験をしました。

カトマンズの随所に設けられている「ヒティ」と呼ばれる水場で水を汲み、水瓶を二〇メートルほど離れた場所まで運ぶだけの手伝いですが、水瓶は想像以上に重くて持ち上げるのがやっとでした。結局、目的の場所まで水瓶を運ぶことができず、途中で力尽きてギブアップするというほろ苦い経験をしました。

ヒティでは自分と同じくらいの歳のボロを着た女の子が、大きな水瓶を担いで裸足のまま歩く姿がありました。そのすぐ後ろを、水がいっぱい入ったバケツを両手に持った小さな妹が、水をポタポタこぼしながら、おぼつかない足取りでついていきました。

毎日、こんなに重い水瓶を何度も運んでいるのか……。蛇口をひねれば水がたっぷり出る日本の生活との違いに、子どもながらに大きなショックを受けました。

ネパールでは、水運びは子どもたちの仕事

水汲みの大変さを知った僕は、日本に帰ってから歯磨きや手洗いをする時、蛇口を閉めるなどして節水を励行しました。たったそれだけのことですが、なにかせずにはいられなかったのです。そして蛇口をキュッと閉めるたびにネパールで見た水汲み場の光景が目に浮かびました。

今頃、あの姉妹は水汲みにいっているのだろうか……。そんな思いをめぐらすことも度々ありました。

結局、節水は三日坊主で終わりましたが、現実を知ったことが小学四年生の僕の意識をちょっとだけ変えたことは間違いありません。

知らない世界を知ること、それを自分の生活と照らし合わせてみること。もっと知りたい、なにかしたいという思いが外の世界へ向き、小さな行動に移るとき、それが国際協力のはじまりではないでしょうか。

そもそも開発途上国とは？

国際協力に関する話の中で必ず耳目に触れるのが「開発途上国」という言葉です。開発途上国と聞くと、なんとなくごく限られた一部の貧しい国というイメージを持つ人が多いと思いますが、実は世界一九六カ国のうち、約七割にあたる一四六カ国が「開発途上国」なのです。

開発途上国とは名前の通り経済発展や開発が遅れ、経済成長の途上にある国のことを指します。開発途上国の中でも特に開発が遅れ、経済が不安定な四六カ国（二〇二二年現在）は、「後発開発途上国」と呼ばれています。

後発開発途上国は、①一人当たりの「国民総所得（GNI）」、②栄養が不足している人口の割合、五歳以下の乳幼児死亡率、妊産婦死亡率などの健康面や成人の識字率などを指標化した「人的資源指数（HAI）」、③経済構成、自然災害によるショック、農作物生産量の安定度など経済的なぜい弱性を示した「経済ぜい弱性指数（EVI）」によって判断され、国連総会の決議と当該国の同意を経て認定されます。実に世界の約四分の一が後発開発途上国に該当します。

アジアではアフガニスタン、バングラデッシュ、ブータン、カンボジア、ミャンマー、イエメン、東ティモールの他、僕が活動しているネパールも後発開発途上国に認定されています。毎日、ごはんを食べることができ、衛生的な環境で生活し、十分な医療や教育を受けられるのは、世界ではまだ少数なのです。

D 開発途上国が抱える三つの問題

開発途上国の国々はさまざまな問題を抱え、人々は不自由な暮らしを強いられています。

共通の問題として主に貧困、教育、環境の三つがあります。

1．貧困問題

世界では七億六〇〇〇万人の人々が一日一・九ドル以下で暮らす貧困状態にあるとされ、そのうち約半数が子どもといわれています。貧困状態になると十分な食事をとることができなかったり、病気になっても医療を受けられなかったり、家計を支えるために子どもが働かなくてはならず、その結果、教育を受けられないなど貧困の連鎖を生み出してしまいます。

2．教育問題

開発途上国の子どもたちの多くは、今も学校に行くことができません。ユニセフがまとめた「子供白書二〇二一」によると、世界では二億四四〇〇万人の子ども（六歳～一七歳）が学校へ通えていません。

そのうち初等教育就学年齢（六歳～一一歳）の子どもたちのおよそ九パーセント、六七〇〇万人が学校へ通っていません。子どもが学校へ通っていない割合が高い国は、高い順に南スーダン（六二パーセント）、赤道ギニア（五五パーセント）、エリトリア（四七パーセント）となっています。

学校に通えない子どもの数は、国際社会が協調して進めている「万人のための教育（Education For All：EFA）」や「ミレニアム開発目標（ＭＤＧｓ）」などの取り組みによって、明らかに改善が見られますが、今なお学校で勉強できない子どもたちの数は多いというのが現状です。

特にネパールをはじめとする女性の地位や権利が低い国々では、女の子が学校へ行かせてもらえず、薪拾いや水汲み、飼葉集めなどの家事の他、建設現場や工場などで児童労働者として働かされることが多く、女子教育の普及が急務となっています。

子どもたちが学校へ通えない主な原因は貧困にあります。子どもたちは家計を助けるために働かなくてはならず、多くの子どもは児童労働者として働いています。雇用主にとって子どもは安い賃金で働かせることができるだけでなく、従順で搾取しやすく、手軽な労働力として都合がよいのです。

また、親の教育に対する関心が低いことから、子どもを労働力として使いたいという親の意向が強く、子どもは学校に行きたくても親が行かせないケースがほとんどです。その他「教育はある一定の人々が受けるもの」、「女子が教育を受けたら神の怒りに触れる」といった社会慣習なども、子どもが学校へ行けない要因となっています。

地域によっては、そもそも学校自体がないところもあります。たとえ地域に公立学校があり無償教育を謳《うた》っていても、実際には文房具や制服、昼食代の他、定期試験代や学校整備費用などさまざまな名目で費用を徴収されるケースが多く、いったん学校へ入学しても学び続けることが難しいのです。

3. 環境問題

開発途上国の環境問題は深刻な状況にあります。どの国も経済発展が最優先された結果、急速な都市化や工業化の進展による大気汚染や地下水汚染、河川の汚染、砂漠化、熱帯雨林の減少など環境問題が深刻化しています。

工場や自動車交通が集中する都市部では、大気汚染が深刻化し、人体への影響がある硫黄酸化物やSPM（浮遊粒子状物質）が高濃度で観測されています。

実際、途上国に立つと肌感覚で大気が汚れていることがわかります。近年では途上国の発展と環境保全を両立させるため、先進国が主導して世界の無駄な消費をへらしながら、途上国の生産効率を高める取り組みなどが行われています。


ヒマラヤの国、ネパールでも大気汚染や地球温暖化が一因とされるヒマラヤ氷河の崩落が大きな問題となっています。

WHO（世界保健機関）が二〇二一年にまとめた「大気汚染が深刻な国ランキング」で、ネパールは世界一位という不名誉な結果となりました。ネパール政府は大気汚染の元凶のひとつとされていたディーゼルテンプー（三輪乗合自動車）を九九年、全面的に禁止し、代わりに電気式のサファテンプーを導入しました。

また、二〇〇七年には二〇年以上経過した古い車両の廃車を決め、代替の新車購入に対し三三パーセントの減税措置を行っています。


世界銀行はヒマラヤ氷河の崩落問題について、報告書「ヒマラヤ山脈の氷河：気候変動、

大気汚染で白く煙るカトマンズの街

テンプー（三輪乗合自動車）はネパールの人たちの交通の足となっている

ブラックカーボン、地域レジリエンス」の中で、ブラックカーボンの排出量をさらに厳しく抑制すれば、氷河融解を減速させることが可能と指摘した上で、ブラックカーボンの排出抑制のために、エネルギー効率基準の引き上げ、ディーゼル車の段階的廃止や電気自動車の普及促進が行われているものの、これだけでは二三パーセントの減少にとどまり、十分ではないとしています。

D 七億三四〇〇万人が「国際貧困ライン」以下

開発途上国では、多くの人が貧困に苦しんでいます。国連開発計画（UNDP）は貧困を「教育、仕事、食料、保健医療、飲料水、住居など基本的な物やサービスを手に入れられない状態」と定義しています。また、貧困は大きく分けると「相対的貧困」と「絶対的貧困」の二種類があります。

相対的貧困は、その国や地域の生活水準や文化水準と比べて、大多数よりも貧しい状態の人の割合を指します。具体的には世帯の可処分所得（収入のうち、税金や社会保険料を除いて自由に使えるお金）が、その国の等価可処分所得（可処分所得を世帯人数の平方根で割って調整したもの）の中央値に満たない状態をいいます。二〇一八年のデータによると日本の相対的貧困の基準は年収一二七万円以下となっています。

相対的貧困の状態に陥ると、標準的な生活を送ることが困難となります。たとえば金銭的な理由で進学を断念する、家計を支えるために子どもがアルバイトをしているなど。一見すると外からはわかりにくいことが相対的貧困の特徴のひとつです。

一方で絶対的貧困は、食料や衣類といった生きる上で必要最低限の生活水準が満たされていない人の割合を指します。一般的に「貧困」と聞いてイメージするのは、「絶対的貧困」ではないでしょうか。

難民キャンプなどで、栄養不足のためやせ細って頬がこけ、目が大きくなり、骨の上に皮だけが被ったような症状を呈する「マラスムス」の子どもや、たんぱく不足によってお腹が突き出て、腕がパンパンに膨れる「クワシオコル」の子どもの映像を目にしたことがある人も多いと思います。このように一見して貧困とわかるのが、絶対的貧困です。

世界銀行は一日一・九米ドル未満で暮らす極貧層を「国際貧困ライン」と定義しています。一・九米ドルといえば、日本円にして約二六〇円。月一万円に満たない生活費で暮らしていることになります。

日本だとチェーン系のお店でブレンドコーヒーの最小サイズをギリギリ一日一杯飲めるかどうか。コンビニの菓子パンなら一日一個程度。チェーン店のお店でも牛丼を食べることはできません。


二〇一五年の段階では、世界人口の約一〇パーセントにあたる七億六七〇〇万人が国際貧困ライン未満で暮らし、そのうち約半数が子どもです。ユニセフと世界銀行の調査では、世界の子どもの五人に一人が極度の貧困状態で暮らしています。

貧困状態になると、十分な食事が摂れず栄養状態が悪くなったり、病気やケガをしても医療を受けることもできなかったり、家計を支えるために子どもが児童労働を強いられ、教育を受けられないなど、さまざまな問題が発生します。

世界から貧困がなくならない理由

ひと口に貧困と言っても国によって事情は異なりますが、世界から貧困がなくならない理由は主に次の三つのことが要因となっています。

1．政治の腐敗

途上国の多くは政情不安、不正や腐敗、汚職という問題を抱え、発展を妨げる要因となっています。通常の職務で得られる賃金が低いため、汚職に手を染める公職者が後を絶ちません。結果として国の社会状況を更に悪化させています。また、縁故主義や贈収賄などにより、本当に熱意と能力のある人が公職につきにくいという問題もあり、そのことが行政機能の向上を妨げる背景となっています。そのため多くの途上国では目的を合理的に遂行することができない現状があります。

ドイツのベルリンに本部を置く国際ＮＧＯトランスペアレンシー・インターナショナル

が、世界各国の政治家や公務員の汚職度合いを数値化した「腐敗認識指数」（二〇一九）では、途上国の多くが下位を占めている現状です。日本は一八〇カ国中、一八位となっていいます。ちなみにネパールは一一〇位で、早急な改善が切望されています。

2．教育の遅れ

世界では今も初等教育就学年齢（六歳から一一歳）の子どもたち六七〇〇万人が学校へ通えていません（ユニセフ『子供白書二〇一一』）。子どもが教育機会を失うと、知識や技術を身につけることができず、低賃金で不安定な職にしか就くことができません。その結果、貧困から抜け出すことが困難となり、さらなる貧困を生み出す「負の連鎖」を引き起こしてしまいます。

3．内戦や紛争問題

途上国では紛争が頻発します。紛争の原因は天然資源（石油、鉱物、宝石などの地下資源と水や材木、麻薬原料などの地上にある資源）の奪い合いや貧困、民族間の対立などさまざまですが、紛争により子どもたちの多くが教育機会を奪われる他、子ども兵の問題も発生しています。

子ども兵は世界中の紛争の四分の三に関わり、約三〇万人存在するといわれています。貧しい子どもたちを食べ物や保護を理由に誘い出し、紛争に引きずり込んでいきます。当初は荷物運びなどが主な任務ですが、銃の扱いを覚えると最前線の戦闘員にされると報告されています。紛争が続く限り、社会が貧困から抜けだすことは困難です。

ネパールでは一九九六年から二〇〇六年までの一〇年間、ネパール政府軍とネパール共産党毛沢東主義派（マオイスト）の間で内戦が繰り広げられました（マオイストは人民戦争と呼んでいます）。二〇〇六年の停戦合意までに兵士、ゲリラ、民間人合わせて一万三〇〇〇人が犠牲となりました。内戦中はダムや送電線などのインフラが破壊された他、主要産業である観光業が大きな打撃を受けるなど、大変な経済損失がありました。

非常事態宣言下、マオイストとの関与を疑われた村の知人が、家族の目の前で武装警察に射殺されたことがありました。さめざめと泣く母親のそばで一〇歳の息子が「銃を持ってお父さんの仕返しをする」と唇をかみしめながらつぶやいた姿を今も忘れることができません。政治腐敗と貧困が招いたネパールの内戦で一番影響を受けたのは、他ならぬ弱い立場の人たちでした。悲しみに暮れる人たちの心の傷に向き合うことも、国際協力が担う大切な活動のひとつだと思います。

D 国際協力とはなにか?

『新版 国際協力論を学ぶ人のために』(内海成治編 世界思想社)によると、「国際協力」は第二次世界大戦後の荒廃に苦しむヨーロッパへの戦後復興支援からはじまり、日本に対してもガリオア資金とエロア資金を通して行われました。

一九五三年には世界銀行から八億六〇〇〇万ドルを借りて、東海道新幹線や黒部第四ダム、東名・名神高速道路などの社会インフラを整備したことが、その後の経済発展に大きく寄与したことは周知の事実です。

その後、国際協力は開発途上国へと広がりました。日本は一九五四年一〇月六日に国際協力の枠組みを定めたコロンボ・プランに加盟してから国際協力を開始しました。

ちなみに日本はコロンボ・プランに加盟した一〇月六日を「国際協力の日」と定め、JICA(独立行政法人 国際協力機構)が毎年、国際協力への理解を深めるイベントを開催しています。

開発途上国は貧困以外にもさまざまな問題を抱えています。窮状を抱える途上国の人々の生活を改善させたり、向上させたりするために行われているのが国際協力です。

国際協力には自然災害や紛争が起きたときに行う「緊急援助」と、地域開発や保健・衛生、教育、栄養分野などへ援助を行う「開発援助」の二つがあります。僕が関わっているのは、後者の開発援助です。

実は国際協力には統一された定義がありません。日本の政府開発援助（ODA）を一元的に行っているJICAは国際協力について、「国際社会の平和と発展のために、主に「政治」「経済」「教育」「医療」「環境」といったさまざまな分野で世界が協力し合い、開発途上国とそこに住む人々を支援する活動のこと」と独自に定義づけています。

また、パキスタンとアフガニスタンで医療支援や灌漑《かんがい》用水路などの建設に尽力し、二〇一九年、アフガニスタンのジャララバードで凶弾に倒れた医師の故中村哲氏は国際協力について、「決して一方的になにかをしてあげるものではなく、人びとと「ともに生きる」

ことであり、それを通して人間と自らを問うもの」と著書の中で書いています。

組織や個人によって国際協力に対する考えや定義はさまざまだと思いますが、どんな形であれ「助け合い」や「支え合い」の気持ちと行動が国境を越え、他の国の人々に向いたとき、それが「国際協力」になるのではないでしょうか。僕はそう考えています。

D なぜ、わざわざ外国の人々を援助するのか

国際協力が話題にあがると、「日本にも貧困で困っている人がいる」とか「まず日本人を援助すべきだ」という意見が必ず出てきます。

僕が高校生とともにネパールの学校建設のための募金活動をしているときも、同様の苦情や切言をたくさん受けました。世の中は平成不景気の真っただ中。社会全体にピリピリした雰囲気がありましたから、なおさらです。

ODA（政府開発援助）についても「○○国に対し何百億円の支援を決定」というニュースが流れるたびに、「海外援助にお金を出しすぎている」という批判の声をよく耳にし

ます。

たしかに日本国内にも援助すべき対象はたくさんありますし、よく知らない遠い国で起きている問題で、しかも表面的には自分の生活とまったく関係のない人々に手を差し伸べているわけですから、援助の必要性に疑問を持つのも無理はありません。

しかし、僕たちが享受している今の社会の豊かさは、実は途上国によって支えられているといえます。日本はさしたる資源を保有しておらず、食料や衣料品をはじめ資源・エネルギーなど多くを途上国に依存しています。したがって、大切なパートナーである途上国に援助を行うことは、相手国の暮らしの改善に貢献するだけでなく、僕たちの生活にとっても大きな意味を持ちます。

「持ちつ持たれつ」という言葉があるように、自国の利益だけに固執するのではなく、他の国々と手を取り合って共栄共存を考えることは、世界の安定のために大切なことではないでしょうか。日本もかつては国際協力の援助を受ける側であったことを忘れてはいけないと思います。

世界のどこかの問題はすべて自分とつながっていて、僕たちの生活にも即座に影響を与えます。なにより、人はみんなどこかに痛みや苦しみを抱え、互いに助け合わなければ生きていけない存在であることを、胸に刻む必要があると思います。

D 国際協力を行う組織

国際協力を行う主体は主に四つあります。

1．国際連盟（UN）

国際連盟は世界の国々が資金を出し合い、平和維持と社会の発展を目的につくられた国際機関です。加盟国の代表が集まり、会議をして各国が守るべき条約などを取り決めています。

国際連盟には、国際司法裁判所や国連事務局などの他に、国連児童基金（UNICEF）、国連難民高等弁務官事務所（UNHCR）、国連開発計画（UNDP）、国連世界食糧計画（WFP）などの機関があり、それぞれの専門分野に関する調査、研究、対策などを行っています。この他独立した専門組織として国際労働機関（ILO）、国連教育科学文化機構（ＵＮＥＳＣＯ）、世界保健機関（ＷＨＯ）、国際通貨基金（ＩＭＦ）などもあります。どの組織も一度は名前を聞いたことがあるのではないでしょうか。

これらの機関は、定期的にそれぞれの専門分野に関する報告書をまとめています。途上国の状況や全体的な社会の動き、国際協力の流れをつぶさに知ることができ、活動する上でとても参考になります。

2．国（政府機関）による国際協力「ＯＤＡ」

国（政府）による国際協力は「政府開発援助（ＯＤＡ）」と呼ばれ、途上国に対し、経済開発や社会福祉の向上に寄与することを目的に行われています。日本では国民総所得（ＧＮＩ）の約〇・三四パーセントが国際協力に使われていて、その内容は貧困、保健、医療、教育、食料支援、給水、農業から、経済発展による貧困削減を目指した道路や湾港、空港、発電などのインフラ整備、政府の行政能力向上のためのガヴァナンス支援や民法、商法などの法整備支援まで、カバーしていない分野が見つからないほど多岐にわたります。ＯＤＡの強みは、なんといっても包括的でスケールの大きな援助ができることです。

僕が活動しているネパールでも大学付属病院の建設やダム、道路の建設など数多くのODAプロジェクトが行われています。近年では二〇一五年に発生したネパール大地震の後、災害に強い社会づくりのために専門家を派遣するなどして成果をあげています。

政府開発援助（ODA）には次の三つの形態があります。

無償資金協力

途上国の開発を目的に、途上国政府に対して行われる無償の資金協力。資金の贈与です。保健・衛生、給水、教育、農村開発、近年では防災や災害復興も対象となっています。

有償資金協力

途上国の経済社会開発に不可欠なインフラ整備などに対する超低金利での貸し付け。償還期間が長いため借り手の途上国にとって有利な貸し付けとなっています。

技術協力

日本人の専門家を途上国に派遣したり、途上国側の技術者を日本に呼んで研修を受けてもらったりするものです。青年海外協力隊（ＪＯＣＶ）の活動も技術協力のひとつです。

3．NGO・NPOによる国際協力

ＮＧＯとはNon-Governmental Organization（非政府組織）の略称です。国連と政府以外のすべての民間組織はＮＧＯとなり、原則として国の税金を使わず、募金など自ら集めた資金をもとに開発や貧困、平和、人道、環境などさまざまな問題に取り組んでいます。

日本ではＮＧＯと似たような組織にＮＰＯ（非営利組織）があります。ＮＧＯ、ＮＰＯどちらも政府から独立した民間の組織で、営利を目的にしていないことや社会問題に取り組んでいるなど大きな違いはありません。日本国内では一般的に海外の問題に取り組んでいる組織をＮＧＯ、身近な地域で社会的な活動をしている組織をＮＰＯと呼ぶ傾向にありますが、ＮＧＯには法人格がなく、ＮＰＯには法人格がありますので、ＮＰＯ法人格を取得して国際協力に取り組んでいる組織も多くあります。

日本国内のNGOの数は大学のサークルや単発的な活動も含めると一〇〇万以上あると言われ、そのうち国際協力に取り組んでいるNGOの数は四〇〇団体以上あると言われています。主な団体として日本赤十字や国境なき医師団日本などがあります。政府開発援助（ODA）は政府間の取り決めが必要ですが、NGOは必要なときに必要な援助を実施できることなど圧倒的なスピードの速さが強みです。

4．企業による国際協力

近年、ソーシャルビジネスという言葉をよく耳にするようになりました。

ソーシャルビジネスは企業がビジネスとして収益化しながら、さまざまな社会問題の解決を目指すことです。

たとえば一九五二年に創業し、日本ではじめて薬用手洗い石鹸と石鹸容器を開発したサラヤ株式会社は、二〇一〇年に「一〇〇万人の手洗いプロジェクト」を立ち上げ、対象となる衛生商品の売り上げの一パーセントを使い、アフリカ・ウガンダで行われている手洗い促進運動をサポートしています。

また、藻の一種であるミドリムシを活用した食品や化粧品を販売している株式会社ユーグレナは、二〇一四年に「ユーグレナＧＥＮＫＩプロジェクト」を立ち上げ、対象商品の売り上げの一パーセントをもとに、ユーグレナ入りのクッキーを栄養が不足しているバングラデシュの子どもたちに提供しています。

他にも世界中のＮＧＯが主体となって進めているフェアートレードがあり、近年、その規模を拡げています。フェアートレードとは企業と生産者が合意にもとづき、生産地の環境にふさわしい生産活動と、労働に見合った賃金を前提にした価格で取引を行うものです。フェアートレードの商品は身近なコンビニやスーパー、オンラインショップでも購入することができます。

これらの商品はどれも質がよく、生産者や関わる人をイメージしやすいため、国際協力をはじめてみようと思っている人にお勧めです。

第２章

「違い」が気づかせてくれること

D 同調圧力が高い国・日本

普段の生活の中で、自分の考えや嗜好《しこう》、持ち物にいたるまで、周りの人と同じだと安心したり居心地のよさを感じたりするのに、いざ周りと自分だけ違っていると急に不安を覚えたり、居心地の悪さを感じたことがあるという人は多いのではないでしょうか。

逆に、自分たちと違っている人を見つけると、意図せず「あの人だけ違っている」と白い目で見てしまったことがある、という人も多いかもしれません。

みんなと同じことをしたい、同じじゃないと不安、許せない、そんな空気が日本社会を支配し、類型化されたひとつの価値観に向かって進んでいるような気がします。

よく日本人は骨の髄まで集団志向だと言われますが、自己の本質に目を向けず、他人の志向に自分を合わせることをよしとする一方、詩人・金子みすゞの『わたしと小鳥とすずと』にある「みんなちがって、みんないい」という一節が今も多くの人の共感を呼び、支持されているのは、日本人の本音と建て前が正反対である証ではないでしょうか。

近年では「同調圧力」という言葉をよく耳にします。少数意見を持つ人たちが、多数意見を持つ人と同じように考えたり、行動することを強制されたりすることです。日本では「個人」を前提とした西欧的な社会が根付かず、常に「世間」や「空気」が支配しているからとも言われています。

でも、立ち止まってじっくり考えてみると、人も、社会も、生き物も、この世の中に存在するものはすべて違いがあるからこそ豊かで、鮮やかで、魅力的なのだと思います。違いがあるということは、それぞれに役目があるということでもあり、それだけ尊いということです。

僕たちは違いから多くのことを学ぶことができるし、違いが大切なことに気づかせてくれることもあります。

とくに国際協力の現場はこれまで自分が知らなかったことや、自分とは違う考え方を学ぶことができる貴重な場です。知らない世界を知ることで実社会の奥深さを実感できることも国際協力の魅力のひとつだと思います。

外の世界へ飛び出して、言葉が通じない相手とぶつかりながら、自分の世界を広げてみる。相手をじっくり観察して、どの〝言葉〟が本当に通じるのか真剣に考えていくことは、人生を間違いなく豊かにしてくれるはずです。

僕たちが生きるこの世界がいったい、どういうものなのか、自分の目で見て体験すること。目からウロコが落ちる体験というのは、きっと異なる社会の中でこそ可能ではないでしょうか。

トラブルだらけのネパール生活

僕は一九九八年、日本の鍼灸《しんきゅう》師国家試験を終えた後、ネパールへ渡りました。ネパールへ行く特別な理由はありませんでした。ただ日本から脱出したいという強い思いと、父の友人であるネパール人から「困っている人がたくさんいるから、ネパールに来たらいいよ」と声をかけてもらったこと、生活費が安いという話に惹《ひ》かれ、とりあえず最初の脱出先をネパールに決めました。

小学四年生のときに一度、家族旅行で訪ねたことがあるとはいえ、ネパールへ行って自分になにかできることはあるのか――現地でなにかをやっている自分をまったく想像することができませんでした。
ただ若気の至りで行けばなんとかなる、なにかはできるだろう、そんな気持ちで旅立ちました。当然、そこに「志」のようなものは一切ありませんでした。

ネパールでの生活がはじまると、毎日がトラブル続きでした。
ネパールは何十も異なる民族がともに暮らす多民族国家です。ひとつの国家というよりも多種多様な民族が寄り合い、渦を成して生きる社会です。二〇〇八年に共和制を敷く世俗国家になりましたが、それまでは世界で唯一、ヒンドゥー教を国教として定めていました。そのため世俗国家となった現在も、生活や文化、政治にいたるまで、なにもかもがヒンドゥー教の濃厚な影のもとにあります。

ネパールの人々をひとくくりにすることはとても難しいのですが、あえて表現するなら、とにかくなにごとも慌てない国民です。社会の隅々まで余すところなく牧歌的な大ざっぱさや、いいかげんさがもちこまれていて、時間はゆうゆうと流れ、尽きることを知りません。

ただ、旅行者には異国情緒ですむことも、その中に入ってみれば、また別ものです。日本とはあまりにも異質の世界ですから、そこに日本的な物の考え方を割り込ませるのは考え物です。そう割り切ろうと思っていても、なかなか納得することができず、ため息を繰り返すばかりでした。

心身ともにぐったりしてしまい、どこまで自分が広い心を持つことができるのか、常に試されているような気がしました。

時間にルーズというよりも、はじめから時間を守ろうという意識もなく、約束だってひとつの目安にすぎませんから、約束の時間を頭にいれようともしません。約束を守ることが社会生活の基本であり、それが誠実さの表れと考えている日本人とは相いれないところがあります。

いらだちを募らせているところに、畳みかけるように新たなトラブルが発生――。こちらがどんなに理路整然と問題点を指摘して論そうとも、返ってくる答えは「ノー・プロブレム」。すべてがそのひと言で片付けられてしまいます。たとえ向こうに非があったとし

世界の屋根と呼ばれるヒマラヤの山並み

ネパールの首都カトマンズの雑踏

ても、平然と胸を張って「ノー・プロブレム」。いつの間にかこちらが悪かったような錯覚さえ覚えてしまいます。

D タクシー運転手の「ノー・プロブレム事件」

ネパールで暮らしはじめて数カ月経った頃、知人が政府高官を紹介してくれるというので、カトマンズ市内のホテルで会うことになりました。

知人から何度もくり返し「ベリー・インポータント」と言われていましたので、絶対に約束の時間に遅れてはいけないと思いタクシーで会場へ向かうことにしました。

排気ガス規制などもあって、現在ではネパールで見かけるタクシーのほとんどはインド製の小型自動車となっていますが、二〇〇〇年代初頭までは日本の古い車がよく使われていました。それも一九六〇年代のカローラやダットサンといった懐かしいものばかり。こちらが日本人だとわかると、ドライバーが必ず「ジャパニーズカー・ベリー・ストロング」とうれしそうに話してきて、こちらも誇らしい気分になりました。

そのとき乗ったタクシーは古いカローラでした。後部座席に乗ろうとすると、ドライバーが手を左右に振りながら「ダメ、ダメ」と言いました。なんでも後部座席のドアが壊れて閉まらなくなっているそうで、よく見ると左右のドアの内側をロープで結んで固定していました。もし走行中にロープが緩んでドアが開いてしまったら……。

日本人なら最悪の事態を想定し、直ぐにでも修理するところですが、こんな状態でも平気でタクシーを稼働させているところがネパールらしいところです。

どうしても後ろに乗りたかったら、手でドアをしっかりつかんでくれと言われ、迷うことなく助手席に座りました。後ろのドアは壊れていましたが、古いカローラは目的地に向け調子よく走り出しました。

と、そこまではよかったのですが、一〇分くらいは走ったところで、急に運転手が道沿いの定食屋の前で車を停めて下車すると、食べ物を口に入れる身振りをしながら、僕に向かってひと言。

「ちょっと昼ごはんを食べてくる」

あまりに突然のことで、なにが起きたのかわかりませんでした。面食らった顔をしている僕を見て、

「お腹すいたら運転できないよ」

「いや、でも、約束の時間に遅れるから……」

「ノー・プロブレム」

必死に状況を立て直そうとする僕をしり目に、そんな手短な捨て台詞を残して店の中へ入っていきました。

いったい、なにをどうすればノー・プロブレムなのか、理解不能な行動に戸惑うばかりでした。他のタクシーを捕まえようにも見つからず、仕方なくタクシーの中で運転手の帰りを待つことにしました。当時は携帯電話もありませんから知人に事情を伝えることもできません。ため息を吐き、腕を組んで足をゆする以外、僕にできることはありませんでした。

しばらくすると定食屋のとなりにある茶店から、女将らしき中年女性がやってきました。タクシーに近づくとなにも言わず、車のボンネットとルーフの上に竹ザルを並べはじめ、その上に青菜を置いたのです。グンドゥルックという保存食をつくるため、塩漬けにして

発酵させた青菜を車上で乾燥させるつもりのようです。

驚いた僕は慌てて車を降り、「フンダイナ、フンダイナ（ダメですよ、ダメですよ）」と言うと、女性はこちらを向いてニコッと微笑みながら「ノー・プロブレム」。

「いや、いや、ダメですよ」

「ノー・プロブレム」

こんな問答が続きました。なにが起こっているのかさっぱりわからず、頭の中は混乱するばかりでした。

しばらくすると、昼ごはんを食べ終えた運転手が、満足げな表情を浮かべて戻って来ました。すかさず竹ザルを指さして、勝手に青菜を置かれたことを伝えました。

すると、蚊が止まったほどにも気にしない様子で、

「ノー・プロブレム」

さらに「チャ（ネパール紅茶）を飲もう」と言って、青菜を置いた女将の店でお茶を飲もうと言いだしたのです。こちらの約束の時間のことなど頭の片隅にもないといった感じです。こちらの話に耳を傾ける様子もありません。もう運命のいたずらとあきらめ、頬を膨らませながらお茶につきあいました。

お茶を飲み終えると、運転手が「ジョン！（さぁ、行こう）」と言って、車上に置かれた竹ザルを別の場所に移し、ふたたびタクシーを動かしました。

助手席で何度も時計を気にする僕を嘲笑うように、運転手はふたたび「ノー・プロブレム」を連呼。「この世はじたばたしたところで、なるようにしかならない」そんな運転手の心の声が聞こえてきました。

結局、市内の渋滞もあり、予定時間を一時間半ほど遅れてようやく会場のホテルにつきました。大急ぎで待ち合わせ場所のラウンジに行きましたが——誰もいません。

もしかしてミーティングが終わってしまったのではと思い、ホテルから友人の自宅に電話をかけてみると、本人が出て「これから家を出るところだ」と……。あっけにとられて二の句が継げませんでした。

その後、ミーティングは予定時間より三時間ほど遅れてスタート。遅れたことを友人に問いただすと、「ノー・プロブレム」。さらに「遅れても、内容は変わらない」と。深いため息がこぼれました。家に帰ってから「ベリー・インポータント」と「ノー・プロブレム」の意味を字引で引いて確認したくらいです。

約束をすっぽかしても、「ノー・プロブレム」。

時間に遅れてきても、「ノー・プロブレム」。

八方ふさがりでも、「ノー・プロブレム」。

できると言い張って、結果がともなわないときも、「ノー・プロブレム」。

こちらがなにかしても「ありがとう」もなく、むこうがミスをしても「ごめん」のひと言もなし……。

一事が万事、こんな調子ですから、楽観的ですべてうまくいくと思う姿勢や、申し訳ないというそぶりすら見せず、悠然と構える姿がどうにも我慢ならず、腹を立ててばかりいました。自分のあり様をすべて偉大なものに任せて、一切の人間的な努力をせせら笑うような姿勢——。当時の僕には、自分がやるべきことから逃げているようにしか映りませんでした。

「時間に遅れるなんて間違っている」

「約束を破るなんて間違っている」

「なにもかもノー・プロブレムで済ませるなんて間違っている」

毎晩、布団の中にもぐり、まるで呪文を唱えるように文句を言っては、まんじりともせず過ごしていました。

きみはきみの立場で正しい

そんなある日、いつものように一日分の溜まったイライラを吐き捨てようと、夕べのひと時を下宿先の屋上で過ごしていたときのことです。

夕映えに染まるカトマンズ盆地を眺めながら、イヤホンをつけてアメリカのシンガーソングライターで、二〇一六年に歌手としてはじめて「ノーベル文学賞」を受賞したボブ・ディランの歌を聴いていると、あるラブソングの一節がまるで神のご託宣のように急に心の奥底に飛び込んできたのです。

「きみはきみの立場で正しい　僕は僕の立場で正しい――」

その瞬間、僕の頭の中でなにか弾けたような感覚が起こり、「そうか」とハッとしました。

僕たちはもともと違う国で生まれ、文化も、習慣も、考え方も、なにもかも違う環境の中で育ってきたのだから、違うのは当たり前のことなのだ。
僕が「間違っている」と腹を立てていたことは、すべてたんなる「違い」でしかないのだと、至極当たり前のことに気づいたのです。

それまでの僕は、日本人の考えをもとにつくった鋳型の中に、無理やりネパールの人たちを押し込めようとしていただけだったのです。自分の正しさや相手の間違いを証明するために多くの時間とエネルギーを費やし、相手の考えが間違っていることを示すのが自分の役目と思い込んでいたのだと思います。

しかし、それは大きな間違いでした。人は一人ひとりまったく違う生まれ方をして、違う生き方をしているのですから、違うことは当たり前のこと。ましてや国が違えばなおさらです。そんな当たり前のことがわかっていなかった自分の愚かさに、消え入りたい気持ちになりました。

先入観と思い込みに惑わされると、自分とは違う意見に耳を傾けなくなります。相手の意見を聞くことと同意することは別のことですから、まず相手の意見を聞いてみる。

違いを受け入れ「なぜ、そう考えるのだろう」「なぜ、そうするのだろう」とじっくり考えてみると、その国の文化や習慣が鮮明に見えてきます。

「ノー・プロブレム」だって単なる「問題ない」という意味ではなく、「自分にとっては問題ない」という意味で、もしかすると相手を落ち着かせてポジティブな環境や雰囲気をつくり出そうとしているのではないか……そんな風に思えてきたのです。

時間や約束を守らないのは、ネパールの人々にとって時間は「瞬間」ではなく、常に「永遠」であるため時間の観念がないから。常に「ボリ（明日）・パルシ（明後日）＝いつか」とだけ言っておけば、細かい時間を気にする方がおかしいと考えるのです。

また、ヒンドゥー教では物事はすべてカルマ（因果）によって決まるという概念があり、個人的な向上の芽が摘み取られるため、あまり努力の必要性を感じません。だから約束を守るために努力をしないのだと、後で知って合点がいきました。

「すべては神様が決めること」

日常生活のあらゆるものを、大いなるものに任せるという考えは、流動的で柔軟性に富んでいるともいえます。ここでは、物事はすべて「なりゆき」なのです。

「ありがとう」と言わないのも、せっかく喜捨《きしゃ》――見返りを求めない施し――を行って功徳を積んでいるのに、それに対して感謝をすると喜捨が「交換」になってしまうため、その人が功徳を積まないからだと――。

町でバイクがパンクしたときや、村の悪路で車がぬかるみに入って動かなくなったとき、たちまち人が集まってきて助けてくれたことがありました。なにかお礼をしようとしても一切受けとってもらえませんでした。お礼を受け取れば功徳が消えてしまうのだと。施す者も、施される者も、ともに感謝し合う気持ちがあってしかるべき、という日本人の考え方とは大きく異なります。

結婚式やパーティーに招待を受けたときも、参加できない場合など、日本人なら「他の用事があっていけない」などと前もって断りますが、たとえ参加できないことがわかっていても「ぜひ、喜んでいきます」と、とりあえず言っておけば、当日行かなくても問題はありません。

前もって断る方が失礼で、まずは祝福したい気持ちを伝える方がよいという考えです。後で「あのとき急に体調を崩してしまって……残念でした」と言えば決して感情を害することもありません。招待する方もそれを見越してかなり多めに招待状を出しています。

初対面の人からもいろいろと頼まれることがありますが、そんなときもとりあえず「はい」とだけ答え、あとで催促されたら「駄目だった」とか「忘れていた」で通せばすみます。頼む方も万にひとつくらいの期待で頼んでいるので、それが駄目でも苦にもしません。だからこそ、初対面の相手にもあれだけ気軽に頼みごとができるのだと思います。ただし、こちらがなにか依頼したときも同じように「紺屋の明後日」のような対応となりますので、物事が進展しないことは覚悟しなければいけません。

〝違い〟を受け入れ、ネパール式の社交術を知ってから、不思議と心のつっかえがとれ胸がすく思いがしました。周りの人たちがみんな仲間だと思えるようになり、すべてを肯定的に捉えられるようになりました。

〝違い〟という当たり前のことに気づくまで、実に数カ月を要したのです。

思えば学校を建てるときも、期限までに募金が目標の金額に届かず、僕をはじめ日本人関係者はうろたえ右往左往していましたが、ネパールの関係者はあっけらかんとして、「ノープロブレム」を繰り返すだけ。「できるところまでつくればいいよ」とまったく動じることはありませんでした。

結局、基礎と一階だけをつくり平屋の状態で開校して、二階と三階は、その都度、資金が集まってから建設しました。

校舎が未完成のまま開校するなんて、日本では考えられないことですから、どうしても未完成のまま開校するイメージを頭の中で描くことができず、開校の日まで不安にさいなまれ、支援者から託された責任を果たせなかったらどうしよう、ということばかり考えていましたが、開校してみたら確かに「ノー・プロブレム」でした。

お金が足りなかったら「できるところまで」。残りは「できるときに」という考えは、日本人からすると無計画で見通しが立たず、受け入れがたいことかもしれませんが、実際、それで大きな問題が発生したことはありません。むしろ大らかな気持ちで進めることができて、助かることの方が多いのです。

その後、上の階ができるまでの間、平屋の屋根から伸びた柱の鉄筋がむき出しのままで

ヒマラヤ小学校は１階部分だけが完成した状態で開校した

したので、鉄筋が風雨にさらされ劣化するのではないか心配していると、ふたたび「ノー・プロブレム」。まったく気にしてない様子で「おひさま出たら乾くよ」と……。どこまでいってもこんな感じです。

日本人は理想や計画が先に立ち、それが思い通りにならないとても不安を覚えたり、不満を感じたりします。まじめさや律義さゆえに思考や心の幅を狭めてしまっているようにも感じます。

理想は理想として持ちつつ、そのときどきで状況に応じて臨機応変に軌道の変更を行う、これが国際協力の現場でもっとも求められる対応力なのだと思います。

ネパールでの国際協力に関わって二五年余り、失敗の度に「もうだめだ」と思いながら、なんとかなっているのは、すべて「ノー・プロブレム」のおかげだと今はとても感謝しています。

それにしても、まさかいつも聴いていた歌の一節が、こんなにも大切なことを気づかせてくれるとは夢にも思っていませんでした。世の中、本当に無駄なことは一切ないのだとつくづく感じます。

“わかり合えない”からスタート

同じ日本人同士であっても他の人を理解することは容易なことではありません。まして文化、習慣をはじめ、あらゆるものが異なる環境で暮らしてきた異国の人間同士ならなおさらです。

それでも、相手に対する理解なくして国際協力はなしえません。血のつながりよりも、心の結びつきが人を救うことも大いにあります。

お互いがわかり合える関係になるためにはどうすればいいのか――。
それは「わかり合える」という思い込みをやめ、あえて「わかり合えない」ところから関係をスタートすることだと思います。
「わかっているつもり」や「わかってくれている」という思い込みは、かえって関係を壊す結果を招いてしまうこともありますし、「わかり合えていない」状態を認識することは、丁寧に接しようとする姿勢の源になります。

まず「自分だったら……」という尺度を捨て、相手の立場に身を置いてじっくり考えてみる。もし自分がこの人ならどう感じるか、自分の身に置き換えて想像してみると、それまで見えなかったものが見えてくるはずです。相手を知ろうとする姿勢を持ち続け、お互いに考えが違うからこそ共有できる価値観を探したり、わかり合えない中でもお互いにわかちあえる落としどころを見つける。

相手とじっくり付き合い対話を重ねる中で、違いを受け入れられる関係になる必要があるのだと思います。近づきすぎてはかえってわからなくなりますので、今より半歩くらい近づいてみる。一緒に同じものを食べるとか、同じものをつくるなど、なにかしら同じ時間を共有することで半歩の距離は自然と近づくはずです。

相手のよさは「ある」のではなく、「見る」かどうかだと思います。共有する時間が増えれば、自然と相手のよい部分は見えてくるのではないでしょうか。お互いをよく知り合えば、理解を生み、心を動かし、周囲の人々をも巻き込んでいく力にもなるはずです。

現地の人に信頼されるには同じ目線に立つことがなによりも大事です。

僕自身の体験では、村の人たちから勧められれば泥が混じった水も飲み、日本ではゲテモノといわれるものでも、とにかく一緒に食べてみました。そうするとお互いの距離が適度に縮んで仲よくなり、自然と相手の気持ちを考えることができるようになりました。もちろん胃腸が丈夫だからこそできたことです。

ずいぶん前になりますが、学校までわざわざ古着を持って来てくれた日本人がいました。トレッキングでネパールを訪ねた際、学校まで来てくれたのです。

学校はすでに物資による支援を全面的に禁止していましたが、せっかく持って来てもらったので運営委員会の判断で児童の親や村人を集めて古着を配ることになりました。

古着をもらった村人は喜び、支援者も満足していましたが、数日後、村のバザールの店頭で配ったはずの古着が売られていたのです。日本の中学校のゼッケン付きの体操服でしたので、すぐに配ったものだとわかりました。

それを見た支援者は「苦労して古着を集めて、飛行機の重量超過料金まで払って持ってきたのに、売り飛ばすなんてけしからん」と憤慨していました。

支援者の気持ちは痛いほどわかりますが、古着を配ったら喜んで着るだろう、わざわざ日本から持って来たのだから大事にするだろう、大切に着るべきだという考えは、やはり相手ではなく、自分を尺度にした考えではないかと思います。

古着を喜んだ人がいる一方で、サイズが合わないとか、使い道がないとか、今は服よりも薬を買うための現金が必要という人も当然います。もらった物をどうするかは、受け取った人の判断で決めていいはずですし、日本で不要になったものが必ずしも現地で必要ということではありません。むしろ日本で不要なものは、同じようにネパールでも不要だと思った方がいいくらいです。

この一件、仲介した学校も古着を配るという安直な方法ではなく、お互いがわかり合える関係をつくるための行動をとるべきだったと思います。

たとえば学校主催のもと、支援者と学校、保護者が一緒に村でフリーマーケットを開いて古着を売るなどすれば、欲しい人は安価で服が手に入りますし、売り上げで学校が必要としているものを買うことができるだけでなく、販売を通してお互いの理解が深まったのではないかと思います。そういった「仕掛け」もお互いの理解を深めるためには必要といえます。

物資を与えることは、喜ぶ人の顔がすぐ見えるので効果がとてもわかりやすく、国際協力に関わっている実感を得ることができますが、ただ物をポンと配るだけでは、永遠にお互いの気持ちがわかり合える日は来ないはずです。

僕の国際協力は偽善からはじまった

前著『ヒマラヤに学校をつくる』(旬報社)で詳しく書きましたが、僕は困った人を助けたいとか、自分の力で社会を変えたいなどといった大きな志を立ててネパールへ渡ったわけではありません。

日本から飛び出してアメリカで暮らしたいという子どもの頃からの夢を実現させるため、ちょっとした寄り道や訓練のつもりで、とりあえずネパールへ行くことにしたのです。ネパールでなにをするかも考えず、なにができるのかも想像できないまま渡航しました。

高校生のとき恩師から「なんでもいい、社会の役に立つ人になりなさい」と声をかけてもらったことを機に、アメリカに行くにしてもなにか役に立つ技術を身につけた方がよいと思い、鍼灸師の資格を取得しましたが、東洋医学に対する関心が高いアメリカならいざしらず、ネパールで鍼灸治療が受け入れてもらえるとは夢にも思っていませんでした。

実際、ネパールへ渡航する際に持って行った鍼《はり》も使い捨てのディスポーザブル鍼が一〇〇本入った箱二つだけでした。

ネパールでの生活がはじまりとりあえず現地の大学に入りましたが、入ってみると休校ばかり。ネパールの教育課程では小学生の頃から毎年進級試験が行われる他、節目の学年を終了する度に、郡ごとや州ごとの統一の試験があります。出席日数や授業態度の評価はなく、試験結果がすべての世界です。

社会生活でもすべてが結果オーライ。そこにいたるまでのプロセスは、ほとんど意味をなしません。試験に合格さえすればいいわけですから、授業はそれほど重要でありません。

そんな感じですから、担当の先生が思いつきのように「明日は僕の誕生日だから休みにします」とか「隣の法科キャンパスの生徒会が、政府のガソリンの値上げに抗議してタイヤを燃やしはじめたので今日と明日は休み」と言っては休校になっていました。


こうして時間を持て余していたところ、たまたま下宿先に膝を痛めた中年の女性が来ていたので鍼を打つことになり、その人が友人を呼び、その友人がさらに友人を呼ぶ、といった感じで治療を求める患者がつぎつぎとやってくるようになりました。

もちろん技術ではなく無料だからです。そのときの僕の正直な気持ちは、暇つぶしにもなるし鍼の練習にもなる、という不純なものでした。

つまり、僕のネパールでの活動は完全に「偽善」からはじまったわけです。

治療を求める患者は日を追うごとに増えていきました。中には山の上の村から片道二時

村人たちに鍼治療を行う

間以上かけてやってくる人もいました。治療のお礼にと乾燥させたトウモロコシを一本だけ持って来てくれた貧しい老人もいました。

そんな人たちと触れ合う内に、僕の心に火がつき本気で治療したいという思いが生まれました。どうせやるなら人に喜んでもらおう、自分が必要とされる人間になろうと決心しました。不純な動機からはじめた治療活動は、自分なりに試行錯誤して修正を加える中、自然な形で「やりがい」に出会えたのです。

学校建設のために高校生たちと一緒に募金活動をしていたとき、「こんなの偽善だ」

と露骨に非難されたことが何度かありました。

そういう人たちの多くが、なんらかの形でネパールの支援活動に関わっている人たちだったことには少し驚きましたが、そのときは高校生たちとともに「学校をつくる」という大きな夢を追いかけていたし、なにより入学を心待ちにしている子どもたちの顔が見えていたので、まったく気になりませんでした。批判の声が聞こえないくらい学校建設に夢中になっていたのです。

若い人たちと話をしていると、国際協力に興味や関心があるのに、偽善と言われることを過度に恐れて、次の一歩を踏み出そうと思いながら、踏み出すことをためらう人が少なくありません。

なにをやっても批判の声がゼロということはありませんし、懐疑的に見る人も、違和感を持つ人も、必ず一定数は存在します。同族嫌悪やヤキモチだって大いにあります。

でも、自分がやりたいと思い、自分の意志でやることであれば、そういう声を気にする必要はありません。

たとえはじめるきっかけが「途上国で人を助けながら、プロジェクトを上手くこなす自分」とか「優しくて困った人たちから慕われている自分」といった自己陶酔や偽善からでもよいと思います。

やってみて感じたことを本当の「善」や「本気」に育てていくかどうかは結局、自分次第です。やっていく中で価値や意味を見つけていけばいいのだと思います。


最近ではクリティカルシンキング（批判的思考）という、物事を客観的な視点でとらえて、よりよい判断ができるようにする思考法も注目されています。批判自体は決して悪いわけでなく、自分の現在位置を確認し、軌道修正を行う上でも役立つはずです。

自分の良心に照らし合わせて、ひとつもやましいことがなければ、堂々と活動の道を歩めばいいのではないでしょうか。周囲の批判がものすごく気になるのは、きっとなにも行動を起こさず頭だけで考えているときです。

とにかくどんなことでもいいのでまず行動を起こしましょう。そして続けてみましょう。いつかは「今日」です。


ただ、あまりに立派な志や高い理想を持ちすぎると、成果にばかり気がとらわれてしまい、目の前のことに打ち込めなくなります。少し目線を落として目の前の小さなことに精いっぱい取り組んでみるといいと思います。

時間が経つのを忘れるほど夢中になれば、外野からの余計な雑音は、自然と聞こえなくなるはずです。

行かなければわからない世界

インターネットの普及は世界を大きく変えました。あらゆる情報が瞬時に入手できるようになり、国際協力の現場でも大きな恩恵を受けています。

今後はAIと呼ばれる人工知能はもとより、インターネット上の仮想空間であるメタバースの普及によって、現場に行かなくてもさまざまなことが疑似体験できる社会が来るといわれています。

おそらく国際協力もメタバースの活用が当たり前となる時代がやってくるのではないでしょうか。どんな未来が待っているのか、考えただけでもわくわくします。

ただ、こうしたネットやデジタル社会の最大のリスクは、「見えているつもり」や「わかっているつもり」、「つながっているつもり」に陥ってしまうことではないでしょうか。

この世に絶対的なものは何ひとつなく、すべて相対だと思います。

正しいとか絶対とか言われていることも、見方を少し変えるとまったく違うものに見えることがあります。

そのことに気づけば、自分はこういう風に考えていたけど、実際にはこうだった、という体験をどんどん積み上げていくことができます。


一方的に与えられた情報を決して鵜呑《うの》みにせず、実体験の中で得る感覚で噛みくだきながらいろいろな推理を働かせ、分析をしてみると、日頃、見慣れているものもまったく違って見えてくるはずです。

大容量のインターネットによる一方的な情報と、面と向き合って得られる情報は、量だけ考えればインターネットが断然優れていますが、質で考えると現場で得られる情報の方が高いことも結構あります。

パソコンやスマートフォンの画面にしがみついているだけではわからない色や匂い、空気、癖など「生の感覚」。現場は間違いなく、僕たちになんらかの刺激を与えてくれます。現場に身を置き、五感をつかってはじめて感じるもの、対面で会うからこそ見えるものがあります。たとえメタバースの時代になったとしても、デジタルで代替することはできないのではないでしょうか。

本当に人の心に届くのは、自分で体験して、考え、心で感じたものだけです。

現場で自分とは異なる人と接する価値、馴染みのない考えや行動様式に出会う価値は、なにものにも代えがたいものです。

異質と異質がふれあい、ぶつかることで大きな化学反応が起こり、新しいなにかが生まれてきます。国際協力の現場でよくあるイメージと現実のギャップを埋めるためにも、現場で感じることが大切です。

行動してはじめて苦しむ人の気持ちがわかり、自分の生活と照らし合わせることで、自分の置かれている現状が見えてくるのではないでしょうか。

第3章

現場で考え、現場で決める

D 「ああしたらこうなる」から「ああしてもこうならない」へ

国際協力は思い通りにならないことが当たり前の世界です。どんなに丹念に準備をしても、副次的な理由でうまくいかないことが少なくありません。

成果だけを追い求めると、自分自身を苦しめるだけで終わってしまうこともあります。多くの制約の中で、思い通りにならないことを当たり前と思い、小指の先くらい、ほんのわずかでも前進すればいいという気持ちで、活動を進めることが大事だと思います。

まずは「ああしたらこうなる」から「ああしてもこうならない」に意識を変え、ではどうするべきか考え続けることの中から最適な答えを出していくこと。創意、工夫を重ねることで道は開けるのだと思います。

僕のこれまでの活動も、大小無数の失敗の上に成り立っています。

失敗も、もちろん成功も、それだけとるなら意味をなさず、それをどう受け止めるかが大事だと思います。思い通りにならないときは、きっと自分自身が試されているとき。いかに失敗を味方につけるか……。学び続ける人に失敗はないと僕は信じています。

へき地の村での苦い体験

ネパールに渡って以来、続けていた鍼《はり》治療は、無償ということもあって喜んでくれる人もいましたが、知識や技術、さらに経験不足で成果を出すことができず、「ニコバエナ（よくなってない）」とか「鍼を打たれたら余計悪くなった」なんて言われることも度々ありました。

役に立ちたい思いと結果を出せない現実に気持ちは焦るばかりでした。

ある日、カトマンズ盆地を囲む山の中腹にある小さな村へ往診治療に出かけたときのことです。

農作業で怪我をして足から血を流している村人がいました。持っていた薬で消毒をして大きめの絆創膏《ばんそうこう》を貼りました。村人の喜んだ顔を見て気をよくした僕は予備の絆創膏を何枚か渡しました。

すると村人は、家で妻が熱を出しているので薬を分けてほしい、と言ってきました。村人に言われるまま持っていた解熱剤を渡しました。

大喜びした村人の顔を見た僕は大満足。充実感で心が満たされ、ついでに「困ったことがあれば、いつでも言ってきてください」と伝え、その場を離れました。

治療でなかなか結果が出せず人の喜ぶ顔に餓えていた僕は、モノをあげることに快感を覚えてしまったのです。それ以来、湿布薬や消毒液、解熱剤、目薬といった医薬品から、タオルや毛布、プラスチック製の食器などの日用品まで、ありとあらゆる物資を村人に配るようになりました。

村人からも次々とリクエストの声が上がるようになり、日本の友人、知人に頼んでかき集めた品々を七〇リットルの登山用のザックと大きなダッフルバックに詰め、村へ行っては配る、そんなことを繰り返していました。

村へ行くたびに歓迎され、さらにうれしそうに物資を受け取る村人の顔を見ると心地よく、僕はいつのまにか物資を配ることを自己目的化していました。

村人の要求は次第に大きくなり、牛やヤギ、さらには冷蔵庫まで、まるで嫁荷のようなモノを欲しがる人まで出てきました。

さすがに応えることはできませんでしたが、「困っている人の声を聴いて、それにできるだけ応えることが支援だ」と自分を納得させ、疑うことはありませんでした。

カースト底辺の人々が暮らす集落

ある日、村での物資配りを終えた僕は、村から尾根伝いにさらに一時間ほど登ったところにある集落を久しぶりに訪ねることにしました。

ネパールでダリットと呼ばれるカースト制度の中の被差別階級の人々が暮らしている集落です。

上の集落を訪ねることを村人に伝えると、まるで汚い物を見たときのような表情を浮かべました。

あからさまに「奴らの顔を見ない方がいい」という人も……。「見るだけで穢《けが》れる」という意味です。

カーストはインドやネパールといったヒンドゥー教社会で続く身分制度で、法律で禁止されている今も揺るぎない階級意識が社会構造をべっとりと塗り固め、カーストにもとづくさまざまな差別が存在しています。

不浄は特に「水」を介してうつると信じられ、ダリットの人々は共同の水場を使うことができません。そのため妊婦であっても遠く離れた場所にある汚れた沼や池から水を汲《く》まなくてはなりません。南ネパールでは小さな子供を抱きかかえたダリットの女性が、水たまりの泥水を懸命に汲んでいるところを見かけたことがありました。

二〇二〇年にはルクム郡で、ダリットの若者グループ六人が村の暴徒に襲われる事件が発生。若者グループが川へ飛び込んで逃げたところ五人が死亡、一人が行方不明となっています。若者グループの一人が上位カースト出身の少女と結婚を計画していたことに激怒した村民が暴徒化したようです。

また同日には、南部パンデヒ郡でダリット出身の少女の遺体が、木につるされている状態で発見されました。少女は別のカースト出身の男にレイプされた後、村のリーダーの指示でレイプ犯の男と結婚を強要されました。その結婚に納得がいかないレイプ犯の家族が、少女を撲殺したそうです。

立て続けに起きた痛ましい事件――。客観的にみて、ネパール国内でも少しずつカーストによる差別は解消されつつあるようにも見えますが、今も人々の意識の底流には脈々と流れ続けていることを実感します。

人間の心の根底には、どこかで差別意識というものが抜きがたくあるのかもしれません。

カーストを形式的に排斥できても、実際問題としてそのカーストの人にしかできないことや、一種の互助組織というべき拠り所の役目もあり、カーストなしでは社会が成り立たない側面もあります。だからこそ多くの矛盾や欠点を抱えながらも続いているのだと思います。

僕たち外国人が安直に云々できる問題でないことは間違いありませんが、あまりにも人を区別しているのを見ると、どうしても疑問を感じてしまいます。現在、ダリットの人口は、総人口の約一三パーセントを占めるといわれています。

もらうともっと貧しくなる

下の村から尾根伝いに歩いて一時間余り。山頂の斜面に沿って一〇軒ほどの家が建つ、時間の流れに取り残されたような小さな集落。その入り口にある今にも崩れそうな土壁だけの粗末な小屋に、サヌーさんという貧しい老女が暮らしていました。

以前、治療をした人です。常に貧困と差別に打ちひしがれた生活の上に立ち、村の人たちから顔を見るだけでも汚れるといわれる存在。外国人の僕たちには理解しようとしても、とうてい理解不能な現実に戸惑います。

「バグワーン、バグワーン（神様、神様）」

僕の顔を見た瞬間、サヌーさんは神への感謝の気持ちを口にしながら、全身で喜びを表して歓迎してくれました。

会っただけでこれだけ喜んでもらえるなんて……。正直、驚きましたが、同時に申し訳ない気持ちがこみ上げてきました。

実はそのとき、下の村で支援物資をすべて配りきってしまったため、カバンの中は空っぽだったのです。あげるモノがないことをサヌーさんに詫び、「今度来るときは必ずなにか必要なものを持ってきますね」と伝えると、サヌーさんは真顔で「なにも要らない。わたしは今の生活で十分。欲しがると神様に叱られて、もっと貧しくなるわ」と言ったのです。

さらに「あなたがこんなところに来てくれるだけで私はうれしい。この前、あなたが背中をさすってくれたので、痛いところがぜんぶ治ったのよ」と言うと、ふたたび「バグワーン、バグワーン」と声を上げてヒマラヤの神々に感謝しました。

ひどい世界に住みながら、けっして人をうらやまず、むしろ自分のおかれた環境に感謝しているサヌーさんの姿を見てから、ささいなことに不平不満をもらしていた自分が恥ずかしくなりました。

同時に「欲しがると神様に叱られて、もっと貧しくなる」というサヌーさんの言葉が胸中に去来しました。

「物をもらえば少しは暮らしが楽になるはずなのに……」

しばらくそんなことを考えていると、突然、ハッとあることに気づかされたのです。

「これまで物資を配り続けたことで、村の人たちの依存心を芽生えさせてしまったのではないか――」

「しまった！」

心の中が一気に後悔の念に染まりました。

貧しい人がいれば自分が持っているものを分け与え、なんとかしてあげたいと思うのは、当然の感情かもしれません。

しかし、それが行き過ぎれば、依存につながりかえって生活を不安定にしてしまいます。いかに大量の物資も、貧しい人々が置かれている状況を根本的に改善するものではありません。それなのに人々の要望に応えることが支援だと短絡的に考え、物資を配り続けてしまったのです。僕は完全に支援の意味を見失い、「なんでもしてくれる人」になっていたのです。

結局、これまで僕はすべて独善的で、自分の喜びのために村人を喜ばせようとしていただけなのだと、このときはじめて気づきました。サヌーさんのひと言が、方向を見失った僕を引き戻してくれたのです。

国際協力の現場では、よく援助慣れしている現状を目の当たりにします。現地には依然として日本人は豊かであるというイメージも根強く、日本人ならなにかしてくれるに違いない、と考える人も少なくありません。

青年海外協力隊員として、アフリカのある国で体育教師の教員養成に着任した隊員が、「体育館をつくってほしい」と要求された話や、同じく青年海外協力隊員として保健・衛生の普及のため東南アジアの国に派遣された保健師は、村人から繰り返し「薬がほしい」とか「日本政府に頼んで病院と道路をつくってほしい」と言われ、その対応に苦労したという話など、自分たちのできることと、必要とされていることのギャップの大きさに圧倒されたそうです。

えんぴつをあげたら「えんぴつ削りも欲しい」と言われた云々。国際協力の現場では、

被差別階級「ダリット」として生きるサヌーさん

容赦なく繰り返される要求に、一計を案じる人も多いのではないでしょうか。

「もっと、もっと」ではなく、「もう十分」と現地の人たちが胸を張って言えるようになる、そんな国際協力が求められているのだと思います。

支援はすべての不足を満たすことではない

すべての不足を満たすことが決して支援ではありません。そして、それが必ずしも人の幸せにつながるものでもありません。

大切なのは貧困に苦しむ人々が、いかに明日を信じて、生きる勇気を獲得するかだと思います。


村で必死に物資を配っていたときの僕は、きっと村人のことを「なにもできないから、自分がやってあげねば」という風に上からの目線で見ていたのだと思います。

本来、支援の現場では「村の人々は、今は一時的に自分たちの力を借りているだけ」という謙虚な気持ちとともに、あくまでも現地の人々の生活改善を支える黒子であることを忘れてはいけないはずなのに……。

もちろんお金や物資が決して悪いわけではありません。それがなければできないことだってたくさんありますし、使い方次第ではそのものの価値以上に大きな力を発揮する場面もあります。

大事なことは一つひとつの行動が、人々の意識を変える「呼び水」となるような支援を目指すことではないでしょうか。誰かを最終的に救うのはお金やモノではなく、きっと相手を理解しようとする思いやりのはずです。

援助が負の影響を与えてはいけない——自戒も込めて、心に刻まなければいけません。

D ニキールとアジャイ

耳を塞ぎたくなるほどけたたましいクラクションの音。オートバイや古い車、バスが排気ガスを撒き散らしながら通りを走り、リキシャ（人力車）、野良牛、犬、猿……それらを縫うように歩く種々雑多な人の群れ。

あらゆるものが波立つようにうごめき合い、強烈な熱気を生み出し続けるネパールの首都、カトマンズ。


その一角に、迷路のように入り組んだ路地に沿ってゲストハウスやみやげもの屋、レストランなどがひしめき合うタメルという旅行者が集まる街があります。

けばけばしいネオンサインが明滅し、単調な旋律を繰り返すネパールやインドの流行歌が鳴り響くタメルの路地裏。うす暗い都会の谷間には、ボロをまとい、ゴミを漁るストリート・チルドレンと呼ばれる子どもたちがいます。

カトマンズとその近郊にはおよそ五〇〇〇人のストリート・チルドレンがいるといわれています。その数は増え続けているとも。路上をさまよう彼らの中には、寒さや飢えを紛らわすためシンナーやハシシと呼ばれる大麻に手を出したり、犯罪に手を染めてしまったりする者も少なくありません。


カトマンズは人口増加や都市化の進展とともにゴミの排出量が増大していますが、処理が間に合わず、ゴミが放置されていることは日常茶飯事です。

あるときタメルの一角で、放置されたゴミを漁っている二人の少年と知り合いました。ニキールとアジャイ。すえた臭いがひときわ鼻をつくゴミ捨て場で、鼻歌を歌いながら慣れた手つきで換金できそうなゴミを拾い集め、大きな袋に詰め込んでいました。

本人たちは年齢がわからないと言っていましたが、おそらく一二歳くらいだと思います。ニキールは南ネパールの村から、アジャイは東の山の村からカトマンズへやって来たそうです。

はじめのうちは声をかけてくる僕に警戒していた二人でしたが、インド映画の話をすると途端に目を輝かせ「俺たちはシャルマン・カーンが好き。将来は映画スターになるつもりだよ」と言って、二人で映画のアクションシーンを真似しはじめました。

それ以降、少しずつ心を開いてくれるようになり、往診の際など路上で二人に会うと他愛のない話をするようになったのです。

二人はもともと、カトマンズ郊外のカーペット工場で働いていたそうですが、工場主やナイキと呼ばれる周旋人《しゅうせんにん》から繰り返し暴力を受けたため逃げ出し、路上で生活しながらプラスチックやペットボトルなどの換金できるゴミを集めて糊口《ここう》をしのいでいました。

アジャイの右足のふくらはぎと太ももには工場主の妻から体罰を受けた際、アイロンを押し付けられてできたという痛々しい火傷の跡がありました。

ネパールでは今も一一〇万人の子ども（五歳から一七歳）が児童労働者として働いています。ネパールの農村は多くの場合、貧しく小さな農地を耕して食べるのがやっとの状態です。現金収入も乏しいため口減らしのために、親はいくらかの前払い金で事実上、わが子を都市部の工場へ売ってしまうのです。

数カ月前からは集めたゴミを持ち込んでいるリサイクル工場の片隅でときどき寝泊まりしているそうですが、決められた量のゴミを持って帰らないときは、「晩ごはんを抜かれてサフジとサフニ（工場主の夫婦）に叩かれる」と、ニキールが嫌なものを見たときのように眉間にしわを寄せながら話していました。

いつも強がってばかりで、少しこましゃくれた物言いの二人ですが、故郷や家族の話に

路上で暮らすニキール（左）とアジャイ（右）

なると口を揃えて「お母さんに会いたい」とつぶやき、急に泣きだしたこともありました。

母親の愛情を十分受けないまま都会の工場へ売られ、孤独にさいなまれながら生きる二人。繊細で感じやすい心を持ち、今にもポキッと折れてしまいそうな危うさの中、懸命に生きる姿に涙を禁じえませんでした。

話を終えて帰ろうとすると必ず「次はいつ来てくれる？」と訊《き》いてきたときの、二人のさびしげな眼差しが今も心に刻まれたままです。

見て見ぬふりをしてしまった自分

二人と出会って数年が経ったある日、タメルのレストランの店先で二人を見かけました。手には白い袋が……。

おそらく接着ボンドを流し込んだシンナーです。二人は白い袋をときどき口元へ運んではフーフーと吸い、しばらくすると片方の手で外国人観光客の飲み食いを物陰から手真似して、口腹を満たしていました。よほどお腹を空かせていたのでしょう、何度も生唾を飲み込んでいました。

二人に気づいた店主らしきでっぷりとした中年男が、まるで野良犬を追うような激しい声を出して、二人をその場から追い払おうとしました。

そんな様子を見て、僕はどうすればいいのか悩みました。二人に声をかけ、なにか食べさせてあげるべきじゃないか、いや、二人はゴミ拾いをして懸命に働いているのだから、ここでなにかを与えると彼らをダメにしてしまうかもしれない――。

心の中でそんな葛藤を続ける内、僕は逃げるようにその場を去りました。見て見ぬふりをしたのです。

そのあとネパール大地震もあって、二人を見かけなくなりました。よく立ち話をしたタメルのゴミ溜めや路地裏、住宅街の空き地でも二人の姿はありません。

人づてにアジャイは麻薬を吸って盗みを繰り返すようになりカトマンズから逃げ出し、ニキールは結核を患ってどこかへ行ったと聞きました。

真実かどうかはわかりません。ただストリート・チルドレンがたどる道としてよく耳にする話だけに、言葉が胸に突き刺さりました。

援助が負の影響を与えてはいけない――そんな考えに拘泥した結果、僕は自縄自縛《じじょうじばく》に陥り、二人に救いの手を差しのべることができなかったのです。

歴史と人生に「if」はないといいますが、もしあのときお腹いっぱいになるまで二人に温かい食事を与えていたら……。いや、せめて声だけでもかけていたら、たとえ一瞬だけでも心が救われ二人はもっと別の道を歩んでいたのではないか……。今も深い後悔の念にさいなまれます。

路上で暮らす子どもたちは自分をゴミ同然と感じ、生きる意味を見出せずに暮らしています。苦難に満ちた人生を歩んできた彼らの気持ちを理解することは容易なことではありません。

それでも彼らに必要なのは紛れもなく「愛情」です。「ただそこにいる」という受け身の姿勢を貫くだけでも、大きな意味はあるのだと思います。なんの支えもないところで、人は決して生きていくことはできないはずです――。

D 現場で考え、現場で決めて行動する

ニキールとアジャイの一件以降、僕は援助の在り方について真剣に悩み、考えるようになりました。なんのためにネパールに来て、いったい誰のために、なにがしたいのか……。村人の気持ちに応えようと必死に物資を配り続けた結果、僕は「なんでもしてくれる人」になり、村人の援助に対する依存心を萌芽《ほうが》させてしまったこと。そこから「援助が負の影響を与えてはいけない」という思いに至り、お金やモノに頼ることを止めました。

しかし、その考えに拘泥した結果、僕は目の前で困っている友人に対してなにもできなかったのです。結局、気が付けば一歩も前進せずに森の中であっちへ行ったり、こっちへ行ったり、ぐるぐる回ってさまよい続けていたわけです。

自分のポケットマネーをしぼり出せば、お腹を空かせたニキールやアジャイのような子どもの腹を満たすことができます。ときには手足が棒のように細くなった瀕死の子どもだって救うことができるかもしれません。

でも、それが本当に必要な支援なのか、それが呼び水となって次につながるのか……。その場面に自分が直面した時、どう向き合い、どんな判断をくだすべきか、きっと支援の難しさはそこにあるのだと思います。

どんな考えにも固執せず、すべてを現場で考え、現場で決める。そして、自分を尊重するように現地の人々を尊重する。そこに国際協力の本質があるのではないかと思います。

もう一度、なんのためにネパールに来て、誰のために、なにがしたいのか、目的を明確にして、自分を原点に戻そう。弱い自分を受け入れ、そこから出発するしかない、そう覚悟しました。

僕の仕事は、世界を平和にすること。（探究の DOOR①）

川崎 哲 著

外交官や国連職員じゃなくても、世界を平和にすることはできる! ICAN共同代表としてノーベル平和賞を受賞した著者から、若い世代へのメッセージ。 ●1760円

ウシのげっぷを退治しろ

地球温暖化ストップ大作戦

大谷智通 著 / 小林泰男 監修

ウシのげっぷの正体「メタン」は二酸化炭素の25倍の温室効果！？ 地球温暖化対策の最先端科学を紹介する、目からウロコのノンフィクション！

●1760円

僕たちの部活がなくなる？ だったら自分で放課後をデザインしよう！

青柳健隆 著

学校から地域へ大きく変わる部活動。当事者の 10 代が知っておきたいリアルを伝え、部活動の今と放課後の未来を考えるスタートブック。 ●1760円

絶滅してない！

ぼくがまぼろしの動物を探す理由

宗像 充 著

ニホンオオカミ、ニホンカワウソ、ツキノワグマ…今も飛び出す絶滅動物たちの目撃情報。絶滅動物の生存と正体をめぐる驚きのノンフィクション。●1650円

旬報社 〒162-0041 東京都新宿区早稲田鶴巻町 544 中川ビル4F
TEL03-5579-8973 Fax03-5579-8975（価格税込） 2023.10

しくじりから学ぶ
13歳からのスマホルール

8刷

島袋 コウ(モバイルプリンス)著　●1540円

コピペがバレた！ 学校が特定された！ 中高生のスマホ・SNSの失敗談
→しくじり事件を手がかりにスマホルールを考える本。

絵で見てわかる
核兵器禁止条約ってなんだろう？

3刷

川崎　哲 監修　●4180円

なぜ注目されているの？　どうすれば核兵器が世界からなくなるの？
核兵器禁止条約について知りたいことがぜんぶわかる！

児童養護施設という私のおうち
知ることからはじめる子どものためのフェアスタート

5刷

田中れいか 著　●1760円

児童養護施設＝「かわいそう」はもう古い！ 児童養護施設をアップデートする、あたらしい「社会的養護」入門！

捨てられる食べものたち
食品ロス問題がわかる本

7刷

井出留美 著　●1540円

東京都民1年分の食料を捨てる国。どうする？食品ロス大国ニッポン！
食品ロスの現状、世界と日本の食料事情などを、イラスト付きで解説。

自分の力で肉を獲る
10歳から学ぶ狩猟の世界

4刷

千松信也 著　●1650円

子どものための「野生への手引き」。狩りの基本や日々の生活をつづりながら、人間と自然との関係を深く見つめる。

クジラのおなかからプラスチック

14刷

保坂直紀 著　●1540円

まったなし！　海のプラごみ汚染。いま、世界がもっとも注目する「海洋プラスチックごみ問題」がいちばんよくわかる本！

最新 ネットのキーワード図鑑

2刷

情報モラルを身につけよう！

島袋 コウ（モバイルプリンス）著　●4180円

炎上・フィッシング・ルッキズム・トーンポリシング…ネット社会に知っておきたい 49 のキーワードをイラスト・まんがで解説。

少年のための少年法入門

4刷

山下敏雅・牧田史・西野優花 監修　●1870円

僕たちは、僕たちの法律をもっと知るべきだと思う。ストーリーを読み進めながら、少年法の考え方としくみを知ることができる入門書。

ほんとうの多様性についての話をしよう

2刷

サンドラ・ヘフェリン 著　●1760円

人気エッセイストであり、ハーフの当事者による「ほんとうの多様性」入門。みんなが居心地のいい社会をつくるためのヒントがここに。

食べものが足りない！

3刷

食料危機問題がわかる本

井出留美 著　●1540円

世界は 10 人に 1 人が飢餓状態。世界最大の課題とされる食料危機に、私たちはどう向き合うべきか。わかりやすくイラスト解説した入門書です！

18歳成人になる前に学ぶ契約とお金の基本ルール　かしこい消費者になろう！

2刷

公益財団法人消費者教育支援センター 監修　●4180円

エステ・整形・サブスク・フリマアプリ…若者を対象にしたさまざまな消費の落とし穴と契約とお金の基本ルールについてわかりやすく解説！

自分のミライの見つけ方

5刷

いつか働くきみに伝えたい「やりたいこと探し」より大切なこと

児美川孝一郎 著　●1540円

これまでの常識が通用しない未来を、僕たちはどう働き、どう生きるか。若い世代に向けた、まったく新しいキャリアデザインのヒント。

第4章

なぜ国際協力は失敗するのか

中古の救急車が展示品に

カトマンズ盆地の旧市街にある寺院の一角に、車体に○○市消防局と漢字で書かれた古い救急車が埃《ほこり》を被ったままの状態で置かれています。ワゴン車をベースにした懐かしい型の救急車です。

詳しい経緯はわかりませんが、九〇年代の終わりに日本の某国際奉仕団体が町で使わなくなったものを譲り受け、寺院に本部を置く仏教文化の保護を目的に活動しているネパールのＮＧＯへ寄贈したそうです。

実はこの救急車、受け取ってからこれまで二〇年以上、一度も救急搬送のために稼働したことがありません。

カトマンズ盆地の旧市街は道幅がとても狭くて救急車が通れないこと、燃費が悪いため患者を救急搬送すると費用がたくさんかかること（ネパールの救急搬送は公共サービスではなく、利用者負担ですので利用できる人は限られています）、救急車の中に設置している機材がすべて日本語表記であるため使い方がわからず、また故障している機材はパーツがないため修理できないことなどが稼働していない理由のようです。

救急車を受け取ったNGOは他の地域の病院やNGOに譲渡することを検討したそうですが、いまだに引き受け手がいないそうです。案内してくれたNGOのメンバーが救急車を指さしながら、「Just Exhibit（ただの展示物）」と言って苦笑いを浮かべていました。ネパールの救急医療の改善のためにはるばる日本から送られてきたのに、出番がないまま埃を被り続ける救急車が、なんとも不憫《ふびん》に思えました。

確かにカトマンズ盆地の旧市街で大きなワゴン車を走らせるのは困難です。ネパールの救急車は主に八〇〇CCの軽ワゴンが使われていますが、これは車体の価格だけでなく、道幅や燃費を考えてのことだと思います。機材も日本語のままというところにもこの支援の問題が見えてきます。

関係者の話によると救急車寄贈の仲介をしたのはネパール人の日本語ガイドだったようです。おそらく救急車を送る側の国際奉仕団体の人たちも、日本語がわかるからという理由でガイドにすべて任せっきりにしたのではないかと思います。

また、ガイドもそこまで救急車の寄贈プロジェクトに熱が入っていなかったのだと思います。救急車を受け取って該当団体に引き渡したらそれっきり――。


物資はただ渡せばいいというものではないと思います。

必要な人のもとに届き、それがきちんと活用されるまで、贈る側には贈る側の、受け取る側には受け取る側の、それぞれ責任があります。

善意で海を渡った救急車が現地でスムーズに運用ができるよう、可能な限りの準備をしておくべきだったのだと思います。そもそも道路事情や燃費など実態を把握せず、運用に対して無関心だったところに大きな問題があるのではないでしょうか。

国際協力はこれまで当たり前のように援助国主導で行われてきました。そのため現地のニーズを十分に反映していないものが少なくありません。

本来、主体であるべき途上国側も、その物資が本当に必要でない場合でも、もらえるものはもらっておこうと受動的に受け入れてしまった結果、救急車のように長年使われないまま放置され「無用の長物」や「宝の持ち腐れ」となってしまうのです。

せっかくの善意が押し付けに

ヒマラヤ小学校が開校して間もない頃、まるで国内の宅急便を送るような感覚で、日本から大量の支援物資が送られてくることがありました。

荷物を受け取るにはカトマンズにある中央郵便局まで行かなければならず、複雑な通関手続きのため何日も通い、ようやく受けとることができます。

高額の税金を払って、中央郵便局を日参してようやく受け取った荷物を開けると、現地で安価に手に入るモノばかり。

しかも別の箱にはランドセルや古着（現地の女性がはかないミニスカートなども）、リコーダーにピアニカ、漢字練習帳など現地で使わないものもかなり入っていました。

リコーダーとピアニカについては、後で日本から教えてくれる人が来て、使うことができましたが、他校では日本から贈られたピアニカが、教室の片隅で埃を被ったまま高く積みあげられているところをよく見かけます。

日本からの送料、受け取りの税金、中央郵便局まで日参する費用、荷物を学校まで運ぶために手配したタクシー代を合わせると、おそらく学校で一年間に必要な学用品の三割くらいは購入できたはずです。

受け取りに日参した時間だけ考えても、デメリットの方がはるかに大きいのです。善意で送ってもらったものですからもちろん無下にはできませんが、日本で不要になったものが必ずしも現地で必要とされているものとは限りません。受け取ったあとの使い方など、フォローも大事な支援だと思います。

このように支援者の善意と、現地の事情やニーズの間にある大きなギャップには常に悩まされます。せっかくの善意が「押し付け」になってしまっては、元も子もありません。

医師でNPO法人「宇宙船地球号」の創設者である山本敏晴さんは著書『「国際協力」をやってみませんか?』（小学館）の中で、日本人の大学生ボランティアがカンボジアで井戸を掘ったところ、井戸水の中に有害物質のヒ素が入っていて村人の中に犠牲者が出た話を紹介しています。

水の足りない地域で井戸を掘った大学生の善意は、決して否定されるべきことではありませんが、問題は水質調査をせず井戸を掘りっぱなしにしたことだと思います。
事前の調査はもちろん、つくった後の定期的な水質検査からメンテナンス管理まで、現地の人たちと協力して行うことが求められるのではないでしょうか。どんな国際協力も自己満足だけで終わってしまえば、かえって迷惑をかける結果になってしまいます。

国際協力は「急がば回れ」

ネパールのへき地を訪ねると、外国の援助でつくられた「元トイレ」を見かけることがあります。トイレとして使われることなく、農作業の道具を収納する物置となっているのです。

ネパール人の大多数が信仰するヒンドゥー教では、排せつ物は「不浄」としています。農村部などでは排せつ物が集まるトイレを不浄な場所と考え、今も戸外の木陰で用をたす人が多くいます。

男性の場合はそれでいいとしても、女性は大っぴらにできませんので、日中は用をたすのを我慢し、早朝や夜中だけ行く人も多いといいます。真っ暗闇のしげみで用をたしているときに毒蛇にかまれて命を落とす人もいます。トイレの水洗化率が九割を超え、家の中にトイレがあることが当たり前の日本では信じられない話です。

ちなみに排せつされたものは放し飼いの鶏や犬が平らげたり、照り付ける強い日差しと乾燥した空気が処理してくれます。

そんな状況を改善しようと、外国のＮＧＯや個人が村にトイレをつくるのですが、しばらくして現地を訪ねると農機具などを収納する物置になってしまっているのです。トイレをつくることは村の公衆衛生の改善にとても有益ですが、それは使われてはじめて意味を成します。

村人のトイレに対する理解を深めることなく、文化の適合性を無視した一方的な支援では、せっかく建設されたトイレが使われず物置小屋になるという結果を招いてしまいます。やはりどの活動も現地の人々と息を合わせ、歩幅を合わせながらゆるやかに進めていくことが大事だと思います。

トイレを使うことが当たり前の生活を送る僕たちからすると、とてももどかしいことですが、国際協力は常に「急がば回れ」なのだと思います。

スタートが、いつのまにかゴールに

「国際協力」や関連する海外ボランティアは数多く存在しています。今や誰でも気軽に自分の関心のある分野で国際協力に参加することができます。

十数年前から途上国、特にカンボジアで学校建設支援が活発に行われるようになりました。二〇一一年には医大生がカンボジアで小学校の建設に奮闘する姿を描いた映画『僕たちは世界を変えることができない。』が上映されたこともあり、途上国の学校建設はある種の「ブーム」にもなりました。

学校建設は国や規模にもよりますが、大体三〇〇万円から五〇〇万円でつくることができます。若者でもSNSなどを駆使して友人、知人、仲間に呼びかければ、資金を集めることはできますし、現地にだれか知人がいれば小学校という「ハコ」をつくることは十分可能です。

ただ、ネパールでも日本をはじめ諸外国の援助で学校建設が盛んにおこなわれていますが、建物をつくって終わりという「ハコモノ」支援が多く、私立学校の場合、わずか数年で廃校となるケースがよくあります。

教育とは、長い年月をかけて人を育て、村や地域社会をよりよい方向へ変えていく壮大な物語です。

本来、学校開校はその物語の「スタート」のはずなのに、舞台である校舎をつくることを目的としてしまった結果、いつの間にか「ゴール」になってしまっているのです。

学校さえつくれば、子どもたちはみんな教育を受けることができるようになると物事を一元的に考え、その後の管理・運営についてまったく考えずにプロジェクトを推し進めた結果が招いた悲劇ではないでしょうか。

継続できないプロジェクトは、やはり失敗です。

僕自身、日本の高校生の協力を受け、現地の小さな村に開校したヒマラヤ小学校の運営に携わってきましたが、学校に必要なのは立派な建物ではなく、教育を通して人を育てるという強い熱意を持った「人」であると確信します。

縁故主義と援助慣れが招いた廃校

ネパールのラムチャップ村にできた小学校は、開校後わずか数カ月で廃校となり、校舎は養鶏場になっていました。

その学校は英国人の若者ボランティアグループの援助で建てられたものでしたが、一八人の児童に対し、なんと村人二〇人が教員として雇われていました。しかもほとんどが村の有力者の親戚で、教員経験者は一人もいませんでした。

ネパールでは今も学校数の不足から学校建設を求める声は多くありますが、中には学校建設というプロジェクトそのものが、地元有力者の利権になってしまっていることがあります。

また、日本を含めた先進国は豊かであるという先入観のもと、援助が永遠に続くと思っている人も少なくありません。

この学校関係者も英国からの継続的な資金援助を当てにして、通常では考えられない人員体制で学校をスタートさせたのです。

その陰には有力者の利権の構造がありました。外国の援助で学校がつくられると、地元有力者が自分の親戚や息のかかった人たちに教師という「仕事」をあっせんする唾棄すべき縁故主義がまかり通っています。

ネパールでは一〇年生を終えたときに受ける統一試験に合格すれば教師になれます。都市部ではずいぶん改善されましたが、今も教師の社会的地位は低く、教師になりたくてなる人は少ないのが現状です。「教師にでもなるか」「教師にしかなれない」という「でも・しか」教師や、生活のためにとりあえず教師になったという人も少なくありません。そのことがネパール全体の教育の質の向上を妨げている一因ともいわれています。

学校をつくることしか考えていなかった英国の若者たちは、わずかばかりの運転資金を置いて逃げるように去っていったそうです。

常識では考えられないような体制で、しかも援助なしではなりたたない状況で開校しながら運営資金の調達計画もまったくないという杜撰《ずさん》さ。そこには援助なれや利権構造といった国際協力の陰の部分が見えます。

結局、大人のエゴによって学校は廃校となり、入学した子どもたちの夢を打ち砕く結果となってしまったことが悔やまれます。

ODAの課題

これまで取り上げたのはNGOによる国際協力の失敗例です。

一部の国際NGOを除き、ほとんどのNGOは活動資金が乏しく、関わる人たちが手弁当で活動しているところもたくさんあります。限られた人材や資金の中で工夫をしながらの活動ですから、どうしても限界があります。

その点、政府によるODA（政府開発援助）は、包括的で規模の大きな支援を実施することが可能です。

途上国の貧富の格差を縮めるために、保健、衛生、教育、農村開発、食料、農産加工などに重点を置いた活動の他、道路や橋などのインフラ建設によって農産物や工業製品の出荷ができるようになれば市場が広がり、それによって雇用が増え、経済を活性化させることが期待されます。

ただ、そのODAでも残念ながら失敗例はあります。

また、日本のODAの中心であるインフラ整備は、緊急援助や医療支援といった効果が可視化されて誰の目にも明らかな人道援助に比べ効果がわかりにくいことや、時間を経てようやく効果を上げるものも多くありますので、評価自体が難しい面もあります。

二〇〇三年、ODAの無償資金協力によってカトマンズ市内にある一〇カ所の交差点が改修されました。

ケシャマハール交差点などではラウンドアバウト方式（中心にある円形の島をまわるシステム）の交差点が十字路交差点に改修され、日本製の信号機が設置されましたが、残念ながら消灯したままの状態です。電力不足に加えてバックアップの容量不足、道路を管理する道路局の財政不足が原因といわれています。

飾りと化した立派な信号機の前で、交通警察が手動で交通整理をしている姿を見ると、事業自体の必要性についてどうしても首を傾げたくなります。

慶應義塾大学の草野厚教授の著書『ODAの現場で考えたこと』（NHK出版）によると、アフリカのウガンダでもカトマンズと同じようにODAで九カ所の交差点に日本の信号機が設置されたそうです。車の急増に対し追いついていないものの設置前よりは円滑な車の流れを促したと報告しています。

カトマンズの交通量はウガンダと同じように毎年、増え続けています。今後、信号機の適切な修理、保全が行われて適切に稼動すれば、ウガンダと同じような効果が出てくるのかもしれません。

NGO、ODAともに援助の失敗例はあると思いますが、結局、途上国のニーズや事情を十分汲み取ったうえで実施しなければ、どのようなプロジェクトも持続的な発展には至りません。もちろん、そこには自ら解決を目指す途上国の人々の意思も不可欠です。プロジェクトが終わり援助国側の資金とスタッフが撤退すると、波が引くように誰もやらなくなり廃れてしまうケースが少なくありません。

近年、数値化されたものが物事の判断基準となり、物事そのものを問うことが難しくなっています。

教育開発の現場でも「学校を何校つくった」とか「どれくらいの金額を支援した」ということばかりに注目があつまり、中身がおろそかにされていることがあります。

大事なことは建てた学校の数でも、プロジェクトに使われた援助額の大きさでもありません。現地の教育の普及や向上のためになにをしたか、そしてなにをしつつあるか、ではないでしょうか。それは教育に限らず、どの分野の開発でも同じだと思います。

D 信じて待つことの大切さ

これまで紹介した失敗例を見ても援助する側、受ける側ともに文化、習慣の違いも含めて、乗り越えるべき課題がたくさんあります。国際協力の現場は、ひとつ逃れてまたひとつといった具合にさまざまな問題に直面し、思った通りにならない世界です。

常に問題が続いて当たり前、不足を感じることがあって当然。むしろそれこそが国際協力の重みなのかもしれません。

一歩前に進めることがこんなにも大変なのかと思うことも度々ありますが、失敗や挫折を経ることで初めてわかる可能性もあるはずです。

上手くいかない理由は国や地域によってもさまざまですが、援助する側が現地の人たちに仕事を任せず、すべてを自分たちでやってしまった結果、現地の人たちが実践を通して学ぶべき技術やノウハウが身につかなかったり、さらに「自分たちにはできない」「やっても無駄」というあきらめの感情を持ってしまうなど、「自分たちでやろう」「もっと工夫しよう」という意欲が生まれにくいことも理由のひとつだと思います。

不慣れなことを現地の人たちに任せると時間もかかりますし、モチベーションが低いとクオリティーも落ちます。任せたところで結局、自分が修正しなければならないのなら、はじめから自分でやってしまおう、自分でやった方が早い、という意識が援助する側に働くようです。

もちろんそこには限られた任期の中でなにかしらの成果をあげなければならないという援助する側の気持ちの焦りもあるのかもしれませんが、プロジェクトの資金やスタッフが撤退した後も現地で活動が持続するためには、やはり「人を育てる」ことを忘れてはいけないのだと思います。

ラオスの病院で臨床検査技師として活動していた青年海外協力隊の隊員は、ラオス人の同僚が不足を嘆くばかりで、工夫する意識がほとんどなくて苦労したと話していました。休日をつかって技術指導を企画しても、ほとんど人は集まらなかったそうです。

同じく青年海外協力隊の隊員として、スリランカで理科の指導員として活動した人は、カウンターパート（現地で技術指導を受ける人）の教員にやる気がまったく感じられず、学ぶ意欲に乏しかったと話していました。

なんとかモチベーションを高めようと話し合いの場を設けても、その度に「生活が苦しい」「日本へ行くために保証人になってくれ」と要求されたそうです。結局、自ら制作した理科の実験道具を学校に寄贈するだけで終わってしまったと、悔しそうに話していました。

カナダの心理学者でスタンフォード大学教授のアルバート・バンデューラ博士が提唱した「自己効力感」に従えば、「きっとうまくいく」「自分なら必ずできる」というポジティブな認知状態を表す自己効力感――行動するための「燃料」のようなもの――を高めれば、チャレンジ精神が旺盛になり、失敗しても立ち直ることできる他、高いモチベーションを維持することができます。

小さな成功体験を積んだり、自分と似た状態の他者の成功体験を見聞きして「自分にもできそうだ」と思ったり、誰かから「あなたならできる」と肯定的な言葉をかけてもらったり、他にも自分自身で成功のイメージを持つことによって自己効力感は高まります。

逆に自己効力感が低いと、「どうせやってもできない」という気持ちに支配され、能力を発揮することができません。

僕自身、学校の子どもたちと一緒にチャレンジしたことがうまくいかず、「自分にはなにもできない」という気持ちになったことがありました。心の「燃料」が枯渇してしまい、すべてを放り出して自分だけどこかへ逃げ出したいと思いました。そのとき僕と子どもたちを救ってくれたのは——ある人の言葉でした。

D 子どもたちが自信を持つために

日本の高校生たちの協力のもと二〇〇四年、カトマンズ南部の小さな村にヒマラヤ小学校が開校しました。

ともに学校づくりに奔走した創立メンバーであり、開校当初から学校長を務めているヤッギャ・ラトナ・シャキャ校長は、誠実な人柄で村人や子どもたちからの信頼も厚く、僕が全幅の信頼を寄せる人です（二〇一二年から職業訓練に注力するため一時現場を離れ、二〇一六年に学校長に復帰）。

明確なビジョンを持ち、どんな状況でも波立つ心をうかがわせない心の大きさ。彼の存在なくしてヒマラヤ小学校を語ることはできません。


ヒマラヤ小学校に入学した子どもたちの多くは、カースト制度の中でダリットと呼ばれる被差別階級に属していました。

平均年齢は一三歳。中には二〇歳で一年生に入学した子もいました。どの子もヒマラヤ小学校に入学するまで、一度も学校で勉強したことがなく、自分の名前すら書けない子ばかりでした。

一三歳や二〇歳の一年生なんて横並びが当たり前の日本では考えられないことですが、これが開校当時のヒマラヤ小学校の状況でした。

子どもたちには、とにかく自信を持ってほしいと思いました。よろめく明日を乗り越えるためには、なによりも自らを信じることが大切です。たったひとつでいいから生きていくうえで最初の手がかりとなるものを学校生活の中で見つけ、心に染み込ませてほしい。そのことが将来、社会に出たときに自らの人生を切り開いて歩んでいく力となるはずです。

そこで、子どもたちをさまざまなコンテストに出場させることにしました。コンテストに参加することによって子どもたちが自ら足りないものに気づき、努力の仕方を学ぶきっかけにして欲しいと考えたのです。

僕にとっても大きなチャレンジです。コンテスト参加を通して子どもたちがどんどん成長し、昂然《こうぜん》と胸を張って村を歩いている様子を想像して、わくわくしました。

やる気のない態度にいらだつ

しかし実際にコンテストに参加してみると、まったく思い通りにはいきません。

初めて出場した工作コンテストでは、ひとつも作品を完成させることができずに終わりました。

それどころか子どもたちは、陰におびえる子犬のように会場の隅に隠れてしまい他者との交流を避けたのです。被差別階級に属し社会との接点が極度に少ないため、他者と交わることが怖いのです。

絵画コンテストに出場した時には、初めて見る大きな画用紙に驚くばかりで、画用紙の片隅にぽつりと小さな絵しか描くことができませんでした。

はじめのうちはいつか成果も出てくるだろうとのんびりと構えていましたが、回を重ねても状況はまったく変わりませんでした。それどころか悔しさのかけらも見せず、負けることが当たり前のようになっていたのです。

そんな子どもたちの姿を見るうちに僕はいらだちを覚えはじめました。

「やる気がないんじゃないか」

「せっかく参加させてやっているのに……」

ネガティブな感情がどんどん僕の心を支配していき、まるで大波のように荒れていきました。

コンテストに参加する資金を集めるため、一時帰国した際に企業や個人支援者を回って必死に協力をお願いしていました。

また、学校運営は開校以来、ずっと火の車。先生たちの給料が何カ月も払えないことが何度もありました。そんな中、参加費用や諸経費がかかるコンテストに出場するわけですから「コンテストに出場するお金があるなら……」という先生たちの声も少なからず聞こえるようになり、校内はギスギスした雰囲気になっていました。完全に負の連鎖です。

自分はこんなに苦労しているのに……。心のどこかに思い上がりや傲慢があったのだと思います。期待に応えようとしない子どもたちに対して、僕は腹を立てていたのです。今、思えば情けない話です。

D 子どもたちに放言してしまう

複数の学校が参加するスポーツ大会に出場したときのことです。ほとんどの子が一回戦で敗退しました。それだけでなく出場する前に尻込みして棄権する子が何人も出ました。

僕も、私も、と棄権を希望する声が続いたとき——

「やる気がないなら、もうやめてしまえ！」

ふがいなさにかっとなり、イライラが大きな声となって出てしまったのです。

子どもたちは火がついたように大声で泣き出しました。

両手で顔を覆い、身体を震わせる子どもたちを見るうちに、心が切なく苦しくなりました。

普段、子どもたちは親から十分な愛情を受けることがなく、大声で叱られたり、叩かれたりしています。

そんな子どもたちにとって学校は唯一、自由で心が安らぐ場所です。そこには苦しいとき、傷ついたとき一緒にいてくれる人、決して自分を見捨てない心から信頼できる大人がいなければならないのに……。

感情に任せて放言してしまった愚かな自分に、ほとほと嫌気がさしました。


挑戦しても、何度やってもうまくいかず、ついには「自分にはできない」と挫折する――。誰だって「できない」と思うことをやり続けるのは苦痛です。それなのに、やる気がないから結果が伴わないのだと短絡的に考え、結果までコントロールしようとしたのは、ただの傲慢でしかありません。

上から押しつけられた挑戦や努力など、本当の難局ではなんの役にも立ちません。なにごとによらず子どもたちが主体となって考え、行動する以外ないと思いながら、自分の思いと現実のギャップを埋められず、放言したのです。

学校が開校して少しずつ支えてくれる人が増えたり、新聞やテレビで紹介されたりする機会が増えていた頃でした。大きな賞を受賞したのも丁度、この頃でした。

周囲の期待にきちんと応えたいという思いは、いつの間にか〝期待に応えなければいけない〟というビリーフ（思い込み）に変わっていたのです。そこには結果を出してもっと自分や学校が注目をあびたいという卑しい気持ちや、支援がなくなって学校がつぶれるかもしれないという焦りがありました。

「子どもたちのため」と言ってはじめたコンテストは、いつの間にか「自分のため」へとすり替わっていたのです。誰の立場に立ち、そして誰のためにやっている活動なのか、僕はふたたび目的を見失ってしまいました。

D ヤッギャ校長からの「言葉の贈り物」

「なにをやってるんだろう……」

大きく息をつく度に、そんな言葉が頭をよぎりました。気がつけば心の燃料が切れ、僕自身がやる気と自信を失っていました。

なにもかも嫌になり、すべてを放り出して自分ひとりで逃げ出したいという衝動に駆られました。

そんな僕を見かねたヤッギャ校長が声をかけてくれました。

「苦しいときはなにかが変わるチャンスです。子どもたちとじっくり話し合いましょう――」

翌日、ヤッギャ校長は子どもたちを教室に集めてゆっくり話しはじめました
「昨日のスポーツ大会はどうだった?」

「……」

子どもたちは気まずそうな顔を浮かべてうつむきました。

「……勝てなかった」

しばらく沈黙が続いた後、男子児童の一人が今にも消え入りそうな声で答えました。

「そうか、勝てなかったか……。今、みんなはどんな気分なの?」

「……くやしいです」

「他の学校に負けてくやしい――」

「いつも負けてばかりで悲しい――」

子どもたちがとつとつと思いの丈を語りはじめました。みんなくやしい気持ちを持っていたのです。それを見せないようにわざと普通を装っていただけだったことを知り、僕の胸に強烈な痛みが走りました。

「そうか、でも先生は、きみたちは完全な勝者だと思うよ」

ヤッギャ校長の突然の言葉に、子どもたちは意味を理解することができず、目を丸くして顔を見合わせました。

ヤッギャ校長はひと呼吸おいた後、子どもたちに向かって力強く語りかけました。

「――挑戦した勇気は勝利に値する」

その瞬間、子どもたちは一斉に顔を上げ、はたとヤッギャ校長を見つめました。気がつくと僕も顔を上げていました。

ヤッギャ校長の子どもたちへの眼差しは常に暖かい

「世の中で一番すばらしいことは挑戦すること。挑戦する人に負けはないんだよ」

「みんなは他の学校に負けてくやしいって言ったけど、比べるなら昨日までの自分と比べてみること。みんなは学校に入学する前、字の読み書きすらできなかったのに、今はちゃんと字を覚えたし、計算だってできるようになったじゃないか。みんなできることが毎日増えているし、昨日よりも今日の方がよくなっている。それは、みんなが挑戦を続けているから。あきらめなければ、いつかなんでもできるようになるんだよ」

ヤッギャ校長の言葉にすっかり心を奪わ

れた子どもたち——。自分たちが挑戦者であることに気づき、目が覚めたような新しい心持ちになったのだと思います。

一人ひとりがリーダーになろう

子どもたちの表情がすっかり明るくなったところで、ヤッギャ校長から子どもたちに提案がありました。

「今日からみんなにリーダーになってもらうよ。リーダーってどんな人かわかる？」

子どもたちは戸惑いながらも「勉強がよくできるえらい人」、「ジャート（カースト）が上の人」、「人の上に立つ人」など思い思いに答えました。

子どもたちの答えをすべて聞き終えたヤッギャ校長は、深呼吸してから静かに語りはじめました。

「リーダーは決してえらい人でも、もちろんカーストが上の人でもない、人の上に立つ人なんかでもないよ」

「リーダーというのはね――みんなの役に立つ人のこと」

子どもたちはあんぐりと口を開けたままです。

「校長先生はこの学校のリーダーだと思っている。それは誰よりもみんなの役に立ちたいと思っているから。もし校長先生よりも役に立てるよって人がいたら、いつでも先生の代わりに校長になってほしい。今日からみんなリーダーになるために、周りのみんなの役に立つことをみつけて、やってみよう」

子どもたちの表情が明らかに変わりました。子どもが自信を持つのは能力を認められるからではなく、存在を認められるからだとそのとき確信を持ちました。

「勝利」という結果を想定して、子どもたちを強引に押し込めようとしていたことは、大きな間違いでした。

勝利よりも、自分を信頼する大人の気持ち、そして自分は役に立てる存在だと確信を持ったとき、人はどんなに幼くても生きがいを感じ、自信を持つのだと思います。それが、どんな環境でも生きていける力になるのではないでしょうか。

言葉は、ときに語る人の意思を超えて大きな力を発揮するものです。口先だけではなく、真剣に心の奥底から出した言葉だからこそ、ヤッギャ校長の言葉は子どもたちの心に響いたのです。僕の心にも新しい勇気が泉のように湧き出し、ふだん見慣れているはずの教室の景色がまったく違って見えました。

D ゆっくりと長い目で見ることの大切さ

「子どもたちはみんな美しい心を持っています。ただ、とても繊細です。だからこそ彼らの成長をじっくり見守ることが大切です。心に変化が生まれれば、子どもたちは必ず成長します」

子どもたちに話し終えた後、ヤッギャ校長が僕に語った言葉が胸に沁《し》みました。彼は常に子どもたちを信じ、大きな心で包み込むように見守っているのです。

思えば月に一度の学校給食でゆで卵とバナナを配ったときも、ズルがあってはいけないとバナナを一本ずつ配ろうとした僕の手を止め、「上級生に房ごと渡してあげてください。どう配るかは子どもたちに任せましょう」と言いました。

言われたとおり上級生にバナナを房ごと渡してみると、ズルをする子なんて一人もいません。それどころか小さな子には余ったバナナを渡し、さらに自分の分をちぎって分け与える子までいました。本当は自分もたえず空腹感にさいなまれているはずなのに……。

子どもたちと本気で向き合えば、伝わらないことはひとつもありません。

上手くいかない現実を変えるために、子どもたちを強引に変えさせようとするのではなく、一人ひとりの個性を認め、心から信じ、そして成長を見守り続ける――。いたずらに早く成長させようとすれば、その時期に大切にしなければならないことを奪い去ってしまうことになります。

もっとゆっくりと、長い目で子どもを見ること。

どの国際協力もすべからくそういう考えのもとで取り組むべきではないでしょうか。まいた種を急いで収穫する必要はないのだと思います。

その後の子どもたち

目的を持ったことで子どもたちは辛抱強く、根気よく、一歩ずつ段階を追って達成できるようになりました。

自分のやった小さな努力が実を結ぶことで「できる」という思いを持ったのです。そして、それが誰かの役に立つことを実感したことで、さらに挑戦しようという意欲が芽生えました。

あれから数年後、子どもたちはさまざまなコンテストで見事、勝利を手に入れました。もちろん勝ち負けで人生は決まりません。そこにいたるまでの努力のプロセスにこそ大きな意味があり、小さな努力を重ね自分を信じれば必ずゴールにたどり着くことができるということを、子どもたちは学んだのだと思います。

子どもは大人の鏡ですから、子どもたちの前では常に襟を正さなければいけません。ごまかしてはいけないのだと強く思います。

思い通りにいかなくても、誰かを批判するのではなく、誰かのために自分の力を発揮する、そんな人にならなければと心から思います。

人間は誰だって不完全。そこからよくなろうとはい上がる努力をする。その意欲を引き出すのが国際協力の大事な役目だと思います。

歩幅が合い、息が合い、同じ世界に存在している感覚……子どもたちと自分がダイレクトにつながり、同じ世界に存在している感覚を持ったとき、活動は確実に前を向いて進んでいるのだと思います。

第５章

僕たちが世界のためにできること

D 「できる、できない」ではなく「するかどうか」

国際協力は多くの人の時間とお金、それに思いを受けて活動をしますので、不安になったり、迷ったり、プレッシャーに押しつぶされそうになったりすることがあります。逃げ出そうと思ったことも何度もあります。

多くの失敗を重ねるうちに自信を失ったり、臆病になったりして二の足を踏んでしまうこともあります。

やって失敗するよりもやらない方が安全ですし、迷うことも、恥ずかしい思いをすることもありません。でも、それでは一歩も前に進むことはできません。

国際協力の現場では「できる、できない」は問題ではありません。大事なのは「するかどうか」です。

本当にやりたいと思ったら、自分でその一歩を踏み出すことです。思いついた瞬間に踏み出せば、新しい自分が生まれ、見える景色も違ってくるはずです。

迷ったり、プレッシャーを感じたりしているのは、自分自身の気持ちや活動が、きっとよい方向に動きはじめるために必要なことだと腹をくくってみる。思い通りにいかないときは自分が試されているときですし、失敗だって味方につければ、それだけ自分の血肉となっていつか生かせるはずです。

とにかく大事なのはすぐにはじめる事です。それは「いつか」ではなく「今日」なのです！

D 目標より「目的」を明確に

国際協力を行う上で、目指すべきゴールである「目的」を明確に設定することは非常に大切なことです。

目的が明確でない状態のまま活動すると、なんのためにやっているのかわからず、常に受動的な姿勢となってしまいます。

文化も習慣も異なる人たちとともに行う国際協力の現場は、「これだけの資金と時間を投入すれば、こういう結果になる」といった合理性がほとんど通用しない生の現実です。思い通りにならないことが常で、必ずと言っていいほど多くの困難に直面します。もし目的が定まっていなければ心が折れてしまうかもしれません。

イソップ物語に「三人のレンガ職人」という話があります。

世界中をまわる旅人がヨーロッパの街を歩いていると、重いレンガを運ぶ三人のレンガ職人と出会いました。旅人がなにをしているのかたずねると、一人目は「親方の命令で運んでいる」と答え、二人目は「レンガを運んで壁をつくっている。仕事は大変だけど、家族を養うためにやっている」と答えました。そして三人目は「レンガを積んで、後世に残る大聖堂をつくっている。この仕事につけて光栄だ」と答えたという話です。

一人目の職人は作業をしているだけで目的意識がありません。二人目の職人は家族のために生活費を稼ぐことが目的です。三人目は後世に残る事業に加わり、社会に貢献するという大きな目的を持っています。

高いモチベーションで仕事に取り組んでいるのは、明らかに三人目の職人です。その目的を果たすことで、どう社会に貢献できるのかを考えると、仕事に対して積極的に関わる姿勢が生まれます。それが国際協力の現場でも大切です。

誰だって、なんのためにそれをしているのか意味がわからなければ、生きがいもやる気も起こりません。同じ作業でも、そこに目的を見出すことができれば、自然とやる気が湧いてくるものです

目的を見失わないよう、なんのための開発、国際協力なのか。なんのためにやっているのか。それを思い出す習慣をつけることが大事だと思います。

なにかを成し遂げるために必要なのは、決して才能ではありません。必ず成し遂げたいという熱意と、あきらめない粘り強さ、なにより誰かの役に立ちたいという気持ちです。

それは明確な目的があるからこそ、できることだと思います。

世界中で起きているさまざまな課題を、自分自身の生活と照らし合わせて考えてみると、これまでとは異なる世界が見えてくるはずです。誰かのために、なにかをすることは行動と思考の原動力にもなります。なにより誰かのために自分を生かすことが国際協力の一番のだいご味ではないでしょうか。

D 見返りを求めないのがホンモノ

以前、春の野山で開催された探鳥会に参加したことがありました。

そのときにスタッフから日本国内でよく見かけるヤマガラやカケスが、エサの少ない冬を乗り切るためにリスと同じように、ドングリなどの木の実を土の中や木の隙間に隠すことを教えてもらいました。埋めた実の多くは冬の間に掘り起こして食べるそうですが、食べ忘れたドングリが芽を出して生長し、やがて大きな森をつくるそうです。

自分のためにやったことが、まわりまわって森づくりという社会貢献につながっている。双眼鏡越しに見たカケスやヤマガラに思わず感謝の気持ちを伝えました。

ネパールで暮らしていた頃、学校へ行って子どもたちの日々の様子を写真に収めるのが楽しみのひとつでした。

無数の写真の中からお気に入りを選んでグリーティングカードをつくり、年に数回、支援者や名刺を交換した人たちに送っていました。

あるとき日本で講演を行った際、話を聞いてくれた人が話しかけてきました。その人の亡くなった母親が学校を支援してくれていたそうで、カードが届くのを楽しみにしてくれていたそうです。

生前、病気で入院していたときも病室にカードを貼り、毎日、子どもたちの笑顔を見ることが闘病の励みになっていたと。そのお礼を言うためにわざわざ遠方から来てくれたのです。他にも会社の机の引き出しにカードを入れて、仕事が上手くいかないときや苦しいときにカードを見てやる気を奮い立たせている、と言ってくれた人もいました。

子どもたちの笑顔が多くの人を励ましていること、そして、たまたま送ったグリーティングカードが役に立っていることを知り、胸がいっぱいになりました。

僕の理想とする国際協力はリスや野鳥のように意図せず行ったことが誰かの役に立つことです。見返りを一切求めずに自然とできる活動こそ〝ホンモノ〟の国際協力ではないでしょうか。

子どもたちが将来、自立して歩んでいくためにも、与えられるばかりでなく、与える側になることが大事だと思います。

自分の笑顔が、描いた絵が、手紙が、歌声が……誰かを幸せな気持ちにした。こうして誰かの役に立てたという思いは温かい心を生み、無理なく自分を社会の中に位置づけられるようになるはずです。人はそういう状況になってはじめて、前に進む意欲が持てるのだと思います。

D すべては「知ること」からスタート

日本国内では「国際社会」という言葉が頻繁に使われるようになり、認識もかなり定着しています。

しかし、僕たちは外国の人々の習慣や生活様式について、十分な知識を持ち合わせているでしょうか。多様性を歓迎するといいながら、深く理解していない現状や、近視眼的な偏見や先入観にとらわれていることも多いのではないでしょうか。

文化的多様性に対し、深い理解を示す時は来ています。

他国に対する知識を深め、お互いの相違点を理解し、友情を育んでいく中で、文化的多様性を共有すること。偏見や先入観を捨て、異文化を肌で感じながら視点を変えて文化的な違いを認識することは、国際協力を行う上でとても重要なことです。

国際協力をはじめたい、そう思ったときにすべきことは「知ること」だと思います。

まずは興味がある国のことや、理解しやすいと思える国のことから学びはじめてみるといいと思います。

決して体系的に学んだり、取り組んだりする必要はありません。とにかく「知る」という行動を起こすことが大事です。

世界で起きていることや、世界各国のことを学ぶとき、同時に日本のことも学ぶと有意義です。外国に出かけたとき、その国の状況を的確に理解するためには、自国のことを知っておくことが大いに役立ちます。

日本と比較してどうなのか、そもそも日本とは、日本はどういう歴史をたどって今に至ったのか、それに対して他の国はどうなのか。好奇心を広げながら貪欲に学べば、たくさんの「気づき」を得るはずです

まだなにかが足りないという理由で準備に時間をかけたり、気持ちがのるまでじっと待っていたりして肝心な行動を後回しにしていては、いつまで経っても国際協力はできません。

ドイツの精神科医エミール・クレペリンは、一度作業をはじめると脳が興奮してやる気や集中力が出てくることを「作業興奮」と呼びましたが、作業興奮をうまく利用するためにも行動を起こしてみるとよいと思います。

そのあと、少しずつその国にどのような問題があり、人々がなにに困り、なにを望んでいるのか。そして、その問題を生み出す背景はなにか、問題に対して国際機関や国レベルではどのような対策が行われていて、NGOはどのような役割を果たしているのか、できる限りの情報を集めることだと思います。

次に大切なのが、続けること。萌芽《ほうが》した興味、関心を持ち続けることで、自分になにができるのか、どう関わっていきたいのか少しずつ見えてきます。

課題に関する書物やウェブサイトを読んで、知識や興味、関心をさらに深めていくことが大事なステップだと思います。

興味を持ったNGOなどに問い合わせてみるのも大切な一手です。僕もときどき中高生や大学生から問い合わせのメールや電話を受けることがありますが、問い合わせ内容から学ぶことや気づかされることがとても多く、貴重な学びの機会となっています。お互いにとってプラスになることですので、ためらわずに問い合わせてみることを強くお勧めします。

学びの中で「自分にはできない」と感じたら、違う国のことや異なる分野のことについて学んでみるといいと思います。時間がかかっても、自分を生かせる国や得意分野は必ずあるはずです。

もし自分の得意なものを見つけたら、それを長く続けること。人がなにか行動を起こすとき「まだ独り立ちもできていないのに」とか「偽善だ」と批判的な意見を言われることや、経済的に不遇な時期もあります。それらを耐え忍ぶ、ささやかな胆力と生活の工夫も必要かもしれません。

他にもＪＩＣＡが国際協力の日に合わせて毎年開催しているイベントや、ＮＧＯが主催する講演会に出かけてみるのも有意義だと思います。

どうしても話を聞きたい人がいれば、学校の文化祭に呼んでみるのもよいと思います。以前、九州地方の高校生から「担当の先生を口説くので、ぜひ文化祭で話に来てほしい」とリクエストがあり、喜んで文化祭に行ったことがありました。若い人の熱意はかならず相手に届きますので、ぜひ声をあげてみましょう。僕も声がかかればどこへでも行き、国際協力の体験をお話しします。

「知る」からはじまり、学び続けることで「気づき」を得て、そこで身につけた知識やアイデアをもとに、さらに一歩進んで「自ら行動を起こす」という風に進めていけば、国際協力に大きく寄与できるはずです。

現場に足を運んでみよう

機が熟したら、短期間でもいいので現地を訪れてみることが重要です。現地を訪れて生活に触れると、途上国の抱える問題をより身近なものと感じたり、現地の人々とともに過ごすことで問題を肌で感じたり、つぶさに観察することもできます。問題解決のために自分になにができるのか、現実的な方法を考えることもできます。

現場に立てば、思っていたよりも自分にできることがたくさんある、ということに気づくこともありますし、今の自分に必要なものが鮮明に見えてくるはずです。

ここで大切なことは、きちんとやりたいという気持ちを持ちすぎないことです。うまくやりこなしている自分のイメージが強いと完璧主義に陥ってしまい心のゆとりや寛容さを失ってしまいます。そうなると、うまくいかないときに自分を責めてしまったり、失敗を恐れて新しい挑戦ができなくなってしまったりします。国際協力をはじめるとき、なにかを成し遂げたいと思う気持ちは大切ですが、必要に応じて成果に対する執着をゆるめることも大事だと思います。

社会の矛盾や不条理を、なんとしても解決しなければならないといった思い込みを捨てること。自分ができることをまず考え、小指の先ほどでも前に進めばいい、とやわらかく考えることも大事です。

人々がなにを望んでいるか、人々の生活の向上になにが必要なのか精いっぱい考えながら、同時に自分の力量を見極め、自分の力が及ばないことを自覚することも大事です。すべてを自分で解決することはできませんし、解決する必要もないのだと思います。今の自分にできることを考え、行動する。それがたとえ小さなことでも、いつかなにかの役に立つはずです。

あくまでも自分たちは、途上国の人々の生活改善を支える裏方だという認識を忘れないことではないでしょうか。

元トヨタ自動車株式会社トヨタボランティアセンター長の鈴木盈宏さんは、著書『ボランティアの可能性』（廣済堂出版）の中で、どの現場にも迷惑ボランティアは存在し、主に次のようなパターンがあると指摘しています。

かわいそうという同情が優先し、言動が上から目線になる「自己満足型」、自分が一番がんばっている、わたしが一番わかっている、という思い上がりの「自己主張型」、その他、相手ができることにまで手を貸してしまい、逆に相手のやる気を奪ってしまうパターン、自分がやったことに陶酔し、恩着せがましくなるパターンです。

どれも自分に当てはまるような気がして恐ろしくなりますが、国際協力の現場でもこれらの迷惑ボランティアは存在しますし、独りよがりの傲慢な考えは失敗を招く原因にもなります。自分がいつの間にかこれらのパターンに当てはまっていないか、自分自身もふくめて襟を正さなくてはいけないと思います。

D 活動資金をどうするか?

NGOの運営は人の善意に頼るところが大きく、資金調達はとても大変です。

もちろんお金がなくてもできることはありますし、お金だけではできないことだってたくさんあります。しかし、なにかをはじめるときどうしても必要になってくるのはお金です。

僕たちが運営しているヒマラヤ小学校は無償教育を提供しています。先生たちの給与、教科書などの教材、ノートや鉛筆などの学習材、制服、備品、消耗品、校舎の修繕など、どれも欠かすことができないもので、そのすべてにお金がかかります。どれだけ三億三千のヒンドゥー教の神々へお願いしても、降ってくるものではありません。

ときどき「ネパール政府が費用を出すべきだ」と言われることもありますが、財政赤字を理由に教育への支出が抑えられている現状では期待することはできませんし、そもそも政府がやれないからこそ、はじめた学校です。

また、仮に政府からなんらかの援助を受けたとしても、汚職がまん延しているため政府関係者から見返りを求められることがあります。それを断わって嫌がらせを受けたという話も少なくありません。政府に頼ることでがんじがらめに縛られるのであれば、最善手とはいえません。

ヒマラヤ小学校の運営は基本的に年二万円の基金をもって、児童一人を一人の支援者が支える「スポンサーシップ」という形で支えられています。

不足分は職業訓練所でつくった製品のチャリティ販売や募金、制服や学用品など使途を決めた形で支援を受けて補っています。

企業や団体からの大口の支援はありがたい反面、社会事情などによって、いつどうなるかわかりません。その点、個人支援であれば、仮になんらかの事情で継続できなくなっても誰かが代わりを担うことができます。僕自身、過去に何度かピンチヒッターとして数人の児童を一～二年ずつサポートしたことがありました。大事なのは支援金の多寡ではなく継続性だと考えています。

また、個人に支えてもらうことで、支援者の顔と気持ちが子どもたちや関係者に伝わりやすいことも大きなメリットです。もちろん単発のプロジェクトであれば企業や団体に頼った方がよい場合もありますので、そこは状況次第だと思います。

ヒマラヤ小学校は将来的に職業訓練を充実させ、生活できるだけの収入を得た保護者から授業料を徴収する形で運営したいと考えていますが、まずは学校を運営するための財源の割合をスポンサーシップなどの支援から三割、職業訓練の製品の売り上げから三割、授業料の徴収から三割くらいといった具合に三分割することを目標に取り組んでいるところです。

ひとつの財源に依存しないことが結果的に学校運営の安定につながると考えています。

D 活動資金を集める方法

活動資金を集めるためには、さまざまな方法があります。会員を集めて年会費として支援を受ける方法、街頭に立って寄付を募る方法、政府や企業の補助金や助成金を受けて事業をする方法もあります。

最近では動画を使って積極的に支援を訴えたり、クラウドファンディングという形で、ネット上で寄付を募るケースも盛んに行われています。また、物品の販売などの収益活動をして事業収入を得る方法もあります。

僕たちはホームページでも支援を募っていますが、基本的には支援者から紹介してもらった人や講演会に参加してくれた人へ直接、お願いをしています。

自分たちの考えや活動の必要性をきちんと相手に伝えることはとても大事なことですし、支援者がどんな人で、どんな思いで支援してくれているのか知ることは、自分たちのやる気や責任感にも直結します。


活動は多くの人の協力があってはじめて成り立つわけですが、協力を得るためには活動そのものに意味があり、また魅力があることも欠かせません。なによりも自分たちが活動に対して誠実であることが大事だと思います。

これまで多くの人の協力を得て活動を続けてきましたが、ボタンのかけ違いや自分たちの不手際によって途中で支援をやめた人もいます。

また、わずかながらこちらから支援を辞退したケースもありました。支援者との信頼関係を構築するためにも、なにごとによらず誠実であることが求められるのだと思います。

D 現地での生活費をどうするか?

途上国でなにかしたいけど経済面で不安がある。手持ちのお金を使えば一、二年くらいは活動できても、そのあとの生活はどうすればいいのか……。

せっかく途上国でなにかしたいという大きな志を持っても、経済的な理由で断念する若者は少なくありません。うつむいて唇をかむ若者の姿を見ると、とても複雑な気持ちになります。

青年海外協力隊に参加して生活支援金をもらったり、規模の大きなNGOの専従職員として給与をもらって活動することもひとつの方法ですが、組織の中で活動する以上、さまざまな制約があるため必ずしも自分がやりたいことができるとは限りません。なかなか難しい課題です。

ヒマラヤ小学校を運営するにあたり、僕を含め運営委員会のメンバーは全員が無償のボランティアという形をとっています。

教員以外の人件費をねん出する余裕がないことも理由のひとつですが、支援者の気持ちに立った時、資金をできるだけ子どもたちのために役立ててほしいというのが本音だと思いますし、実際、現場で活動していても、目の前でがんばっている子どもたちのために役立てたい、というのが正直な気持ちです。

では僕自身は、現場にいたときどうやって生活していたのかというと、僕個人の生活と治療活動を支えてくれる支援者（友人や知人、親戚など）からの寄付、ネパール在住の外国人への治療で得た報酬、日本へ一時帰国した際の講演や新聞、機関誌の執筆料などを元に生活をしていました。それ以外にもテレビ番組制作のコーディネイトなどで報酬を得ていた時期もありました。

村人が治療のお礼に野菜や米をくれたり、住んでいたアパートの大家さんが毎日のように夕食を出してくれたりと、現地の人たちにとても親切にしてもらえたことも生活の大きな助けとなりました。

途中、日本で後援会が設立され、さまざまな後方支援を受けることができたことも幸運でした。人に恵まれたことや、今よりも物価が格段に安かったこともありますが、なんの見通しもなくはじめた生活でも、やってみれば案外なんとかなるものです。

D 生活の見直しも大事！

生活費を得ることはもちろん大切ですが、生活自体を見直すことも重要だと思います。日本と同じような暮らしをしていては、いくら相対的に物価が安い途上国でも生活は成り立ちません。生活費を抑えるために無理なくできる節約術は、探せば意外とたくさんあるものです。

僕も日頃から節約を心がけ、できるだけお金のかからない暮らしを送っていました。それでも目の前の活動に集中していれば息苦しさを感じたり、不満に思うことはありませんでした。

むしろ物を大事に使ったり、浪費をしないなど、不足の中で身についたことは今の生活でも大いに役立っています。

経済的な不安を完全に消すことは難しいことですが、あまり先のことを考えず、起きたときに起きたことを考えるくらいの心の余裕を持つことも大事ではないでしょうか。

一日一日を大切にする、という意味での「その日暮らし」を実践すれば、きっと不足を嘆くことも、不安にさいなまれることもないはずです。

「〜だからできない」ではなく、「どうすればできるか」を考える。ちょっとした思考の切り替えによって、行動は大きく変わるはずです。

もっとも身についたのは「環境順応力」

国際協力に携わって早いもので二五年が過ぎました。ずぶの素人が思いつきで飛び込んだことで、たくさんの失敗を重ねてきましたが、やってきてよかったと思うこともあります。そのうちのひとつが「環境順応力」が身についたことです。それも異常なまでの……。

一般的に日本人は清潔な国民と言われていますが、日本人の衛生観念をそのまま途上国に持ち込むと大変な日にあいます。

僕がネパールで暮らしはじめて最初に乗り越えなければならなかった壁は、まさに現地の衛生観念を克服することでした。

日本人の標準的な衛生観念と比較すると、ネパールの衛生状態は目を覆いたくなることがたくさんあります。

ひと言で言うなら「不潔」です。

途上国でなにかしたいという若者の中には、「お腹が弱いので現地の衛生面が心配です」という声もよく耳にしますし、体調を崩すことを心配して、一歩踏み出すことをためらう人も少なくありません。

ネパールの人は男女問わずよく手鼻をかみますし、露天などでは客の目の前で手鼻をかんだ後、なにごともなかったかのように商品を手でつかんで売る姿もよく目にします。屋外で用をたしたあとも手を洗う習慣はありません。町で男性の知人に会うと、あいさつ代わりに必ず握手をしてくるのは少々気が引けます。

他にも男女問わずどこでも唾をはきます。一説には身体に入った不浄を吐き出しているそうですが、目の前でペッ、ペッとされると、やはり日本人の目には不快に映ります

五つ星ホテルのレストランでは、給士が肩からバスタオルのような布を肩にかけ、それを使って皿やコップを拭きますが、その布で自分の顔や首の汗を拭いていたりする姿を目

撃しました。

客から見えるところでもそんな感じですから、調理場の衛生状況を想像すると、なにも口にできなくなります。


暮らしはじめた頃、同じ下宿に住んでいたアイスランドの女学生二人が、次々と赤痢や肝炎に罹《かか》ってしまいました。

また、大学のクラスメイトのイタリア人がトレッキング中に負傷した傷から菌が入って腎炎になって入院したり、チリ人は腸チフスで長い間苦しんでいました。

腸チフスに肝炎、赤痢、コレラ……日本では隔離される病気が身近で発生しますので、つぎは自分の番ではないか、と不安になりました。


当時は夏バテもあってネパール料理がほとんど食べられず、痩せ細る一方でした。それを心配した下宿先の奥さんが日本人は魚が好きだろう、とわざわざ僕のために魚を使った特製カレーをつくってくれました。

奥さんの温かい優しさに感激しましたが、その魚がこれまで見たこともないようなグロテスクな顔つきで、さらに魚を捕ったのが町のバザールのそばにある大勢の人の野外トイレとして大小かまわず利用されている池だと聞いて、額に脂汗がにじみ出ました。

「奥さんの善意は本当にうれしいけど、どうしよう……」

カレーにどっぷりと浸かった魚の睨みつけるような顔をまんじりとみつめながら、しばらく悩みました。

そして、自分の運命を受容するつもりで、ある決心をしました——。

「不潔に慣れよう」

こうなったら不潔でもなんでも慣れてしまおう。なんでも食べてやろう、なんでも見てやろう、なんでも体験してやろう、と腹をくくったのです。

どんなことでもずっと続けていれば、いずれ慣れてきて自分にとって心地よいものになるものです。一度、慣れてしまえば、はじめにあった抵抗感は徐々に薄れていき、次第にそれなしではいられない自分になってきます。そうすれば苦しいことの大半から逃れることができるのではないか、そう考えました。

ネパールで暮らしていく以上、人間ならだれでも持っている「順応力」を生かすしかない。この際、手鼻をかむことも覚えてしまおうと決心したのです。

その結果、なんでも食べられ、どこでも寝られるようになり、自然となんでもやってみようと思えるようになりました。その後の生活はとても楽になりました。「かくあるべし」というものがなくなった分、生きる上での自由度が増えた気がします。結局、僕はネパール生活をとおして「異常なまでの環境順応力」を手に入れたのです。それは今の生活でも大いに役立っています。

なにがネパールへ向かわせているのか

「――活動を続ける原動力はなんですか?」

日本に戻ってきてから全国各地の学校や企業で国際協力に関する話をしていますが、どの会場でも決まってこの質問を受けます。

ネパールでまったくの素人ながら医療と教育分野の協力活動に足を踏み入れて以来、僕は現場でプレイヤーとして一八年、日本に戻ってからはサポーターとして今も関わり続けています。

もともと、飽きっぽく、頭も、身体も、心も弱い僕が、なぜこれだけ長い間、ネパールと関わり続けているのか……いったいなにが僕の心を突き動かし、ネパールへと向かわせているのか……そこに素朴な疑問を持つようです。

活動を続ける原動力をひと言でいえば──「相手のことをもっと知りたい」という思いです。

空が白みかける前に起き、水汲《く》み、朝食の支度、草刈り、家畜の世話、家の掃除や洗濯……へとへとになりながらも遠い山道を歩いて登校してくる女の子は、毎日、欠かさず道端でつんだ可憐《かれん》な野花をプレゼントしてくれました。学校で勉強できる感謝と喜びの気持ちを、野花で表してくれたのです。

山の上の村で暮らす四年生の男子児童の家を訪ねたときは、小さな弟や妹たちの世話をしながら、まるで独楽鼠《こまねずみ》のように働く姿に胸を打たれ、カバンにひとつだけあった飴玉をこっそり渡しました。すると彼は近くにあった石を使って飴玉を三つに割り、自分はひとかけらも口にせず、すべて三人の小さな弟や妹たちに分け与えました。

昼休みの校庭では、ホウセンカの花びらを石でつぶしてつくった薄紅色のマニキュアで遊ぶ女の子たちが、そばを通った僕を呼び止め、「目をつぶって」と言いながら爪にマニキュアを塗って大笑いしました。

初夏のやわらかな日差しを浴びながら子どもたちの温かい笑い声に包まれたとき、心の帯を緩めたようにほっとしました。

遠い村に暮らす貧しい老女はクリニックへ治療に来るたびに、村の寺院の池でくんだという聖水を持って来てくれました。喉の渇きだけでなく神様のご加護であなたの心身を清めてくれると、しきりに飲むように勧めてくれました。

風邪を引いて喉の調子が悪い時には、わざわざ村へ戻り、薬草を摘んで持って来てくれただけでなく、家で飼っている大切な鶏を神様に奉げるとまで言ってくれた優しさ――。

世の中には人の苦しみに共感し、自分ができることでなにか手助けをしたいと考え、実行できる人がいることを知りました。

僕はこんなにも温かい心を持った人たちとネパールで出会いました。貧しさにうちひしがれながらも、他人を思いやる彼らの深い優しさに接したとき、心を打たれずにはいられませんでした。

なぜ彼らは明日の生活もままならない暮らしの中でも、これほど他人に優しくなれるのか――。人は生きる条件が厳しければ厳しいほど、他人に優しくなれるのだろうか。

そこには文化や習慣、宗教の違いだけでは語り尽くせない、なにかがあるような気がするのです。彼らのことをもっと知りたい、深く知りたい――そんな思いが僕の原動力となり、今日も僕をネパールへと向かわせているのです。

第6章

開校から二〇年目を迎えて

D 近代化の波に揺れるネパール

ネパール、特に首都カトマンズの町並みはこの二五年で大きく変わりました。

二〇一九年の冬、ネパールを離れてから四年半ぶりにネパールを訪ねました。トリブヴァン国際空港に降り立ったときの驚きは今も鮮明に覚えています。まるで別世界に来たような錯覚を覚えました。

穴ぼこだらけでよくノラ牛も寝そべっていた環状道路は、きれいに舗装され二車線から一部六車線に拡幅されていました。

町には高層ビルやショッピングモールをたくさん見かけるようになりました。近代化の波が、止めどなく押し寄せていることを実感しました。

一九九八年に暮らしはじめたときには、町に暮らす多くの人が家の屋上にパラボラアンテナを立てて世界中のテレビ番組を観ていたことや、町に花屋さんができたことに驚きました。内戦が激化した二〇〇〇年代初頭、王宮内で国王を含む一〇人が殺害されたナラヤンヒティ事件を含め、混乱する一方の社会の行く末に心もとなさを感じました。内戦が終わった二〇〇八年以降は治安の回復とともに経済活動が活発化しました。ピザやフライドチキンの世界的なチェーン店がカトマンズに進出し、かなり高額な値段設定にも関わらずネパール人の家族連れが押し寄せている姿に隔世の感を覚えました。

ネパール社会には近代化とともに富裕層だけでなく、中間層がずいぶん増えた印象です。同時に年間所得が一〇〇〇ドルといわれているネパールで、多くの人が月一〜二万円程度で生活する中、昔ながらの茶店では一杯二〇ルピー（約二二円）のチィヤ（ミルクティー）が売られ、一方ショッピングモール内のカフェでは一杯四〇〇ルピー（約四四〇円）のコーヒーが平然と売られ、ネパール人の若者でごったがえす現状に目を疑いました。関税率二〇〇パーセントでも増え続ける自動車……。経済格差はそれまでとは比べ物にならないほど大きく広がっていることが、はっきりとわかります。

ひと昔前までは外国人ツーリストのガイドしか見なかった国内の観光地にも、ネパール人の観光客が増えました。

国内では数カ所に国際空港を開港するプロジェクトが進行している他、南ネパールに巨大な国際空港を建設し、カトマンズまで高速道路でつなぐ構想まであると聞いたときには、浦島太郎になった気分でした。さらにチベットのラサからカトマンズまで鉄道を敷く計画も……。

ネパール大震災の再建や国土開発がもたらす好景気、出稼ぎ労働者からの国際送金がネパール経済を強烈に押し上げているようです。

二〇一五年、日本のODA（政府開発援助）によって首都カトマンズと南ネパールのタライ平野を結ぶシンズリ道路が完成した他、ネパール初となるトンネルがナグドゥンガ峠に建設されています。ODAによる交通インフラが整備されたあと、さらに民間資本が投入されることで経済が押し上げられることが期待されています。

しかし、近代化や発展の陰では、もともとあった所得格差が大幅に拡大しただけでなく、強烈なインフレによる物価高騰が貧しい人々の生活を直撃しています。

国内には農業やヒマラヤ観光以外に主だった産業もなく、貧困から抜け出だすために若

発展を遂げるカトマンズ。外国資本のお店も進出している

者の多くが中東、湾岸諸国、東南アジアへ出稼ぎに行っています。

ネパール中央銀行の報告書によると、出稼ぎ労働者による送金額は九六一〇億ルピーに達し、国内総生産（GDP）の約三〇パーセントに相当するそうです。人口の約六割が従事している主要産業の農林水産業が二三・九パーセント、観光業が七パーセントですから、出稼ぎ労働者の送金額がいかに大きいかわかります。

「外国に行けば楽に稼げる――」

業者の甘言に誘われ、多額の借金を抱えて飛び出したものの、病気や事故、事件に巻き込まれ、あえなく帰国することになり、結局、借金だけが残ったという話もよく耳にします。

ヒマラヤ小学校の卒業生の中にもすでに中東やマレーシアへ出稼ぎに行っている子もいますし、行きたいと言っている子も大勢います。二〇年前、「学校で勉強したい」と目を輝かせていた子たちが、今では「外国へ出稼ぎに行きたい」と言っている現実に、複雑な思いがします。

近代化による経済発展は一握りの権力者を生み出し、一般庶民の生活向上という問題は片隅に追いやられているようにもみえます。

近代化、開発、発展といった直面する今日的な課題を前に、抗しがたい力に押し流されるかのようにすべてが急速に変化するネパール……。その陰でこれまで以上に苦しい生活を強いられている人々がいることを忘れてはいけません。

D ヒマラヤ小学校開校から二〇年

ヒマラヤ小学校は二〇二四年、創立二〇周年を迎えます。

二〇〇三年、世界最高齢でのエベレスト登頂を果たしたばかりのプロスキーヤーで登山家、クラーク記念国際高校の学校長である三浦雄一郎さんをお迎えして、ラリットプール市内の寺院で学校建設の調印式典を行い、いよいよ学校開校に向けた最終的な準備がはじまりました。

建設予定地の村の尼寺に寺子屋を開設し、そこで学ぶ子どもたちやレンガ工場などで働いている子どもたちの家を一軒一軒訪ね、学校に入学できるよう親を説得して回りました。レンガ工場で働く子どもたちに今一番なにがしたいかたずねると、一様に「学校に行きたい」という答えが返ってきました。

学校に行きたい、それが一番の願いであることに、ただ驚くばかりでした。学校に行けば現在の苦しみから救い出してくれるなにかがあると信じればこそ、子どもたちはそう答えたのかもしれません。

学校へ行きたくても行けないレンガ工場の子どもたちは確かに不幸ですが、むりやり学校に行かされている一部の日本の子どもたちは、はたして幸福といえるのだろうか……。そんなことを考える毎日でした。

子どもが働きながら学べる寺子屋であれば、なんとか子どもを学ばせていた親も、修学時間の関係で働くことが難しい学校となると、なかなか容認しませんでした。

親も学校で学んだことがないため、わざわざ子どもを学校へ行かせるよりも働いて家計を支えてほしいと思う人がほとんどでした。

「今は子どもが働いても一日五〇ルピーしかもらえないので、いくら働いても生活はよくなりません。学校で勉強して知識や技術を身につければ、生活は必ずよくなります。将来は職業訓練所もやる計画です」と訴えても、貧苦にあえぐ人たちにとって必要なのは今日食べるものであり、目先の五〇ルピーです。将来よくなるからといくら声高に主張しても空しくなる一方でした。

「貧しいから子どもには働いてもらわないと困る」と言われると、厳しい窮状を抱えていることは手に取るようにわかっているので、それ以上、返す言葉が見つかりませんでした。中には「学校」という言葉を発しただけで、「余計なことをしないでくれ」という親もいて、子どもが学校で学ぶことの難しさを痛感しましたそれでも学校づくりをともに進める現地のメンバーとともに繰り返し家を訪ね、対話を重ねていくうちに、ぽつりぽつりと理解を示してくれる親が出てきました。

特に母親たちは自身が学校で学んでいないために苦労していることから、一定の理解を示してくれたようです。

それにしても、そのときの現地メンバーの熱意には正直驚きました。ネパールの人たちが自らの力でネパール社会をよくしようと奮闘する姿は、僕にとって大きな励みとなりました。

しばらくすると、数人の母親が子どもと一緒に寺子屋で学びはじめるという予想もしていなかった大きな動きがありました。

教育を受けたことがない母親たちも、学びへの思いを心のどこかで熾火《おきび》のように燃やし続けていたのです。

娘と並んで懸命に字を学ぶ姿に、こちらのモチベーションもどんどん上がりました。こうして一歩ずつ、本当に一歩ずつ、学校開校の夢は前に進んでいきました。

学校開校の噂は周辺の村にも広がり、大勢の人が現場を訪ねてきました。

「ぜひ、子どもを入学させたい」と学校へ期待を寄せてくれる人がいたり、近くのレンガ工場で働く子どもたちが毎日のようにやって来ては「僕も学校で勉強したい」と言ったりして、学校開校の夢はどんどん膨らんでいきました。

ただ中には「入学したら日本へ行けるのか?」とか「日本へ行って働きたい」という人もたくさんいて、学校への期待よりも外国援助に対する期待の高さを感じることもありました。こちらがやんわり断ると「ちぇ、どうせ貧乏人を使って金儲けしているだけだろう」と捨て台詞を吐く人もいました。

国際協力の現場は常に理想と現実の間にあるギャップとの葛藤です。

でも、こんなときこそ立ち止まって振り返ることで自分の間違いに気づくチャンスです。こちらの思いを理解してもらえていないのはなにが原因か、どうすれば理解してもらえるのか、自問自答を続けることで最適解が見つかっていくのではないでしょうか。

その頃は、ちょうどネパールで暮らしはじめて六年近くが経過し、だいぶ打たれ強くなっていましたので、そういう暴言に対しては受け流すことができました。もし六年の助走期間がなかったら途中で投げ出していたかもしれませんが、わかり合えていない人がいる限り、わかり合える努力をコツコツと続けていくことが、国際協力の現場では大事だと改めて思いました。

学校の建設でもさまざまな問題が生じました。

設計施工の概算はあとで資金が足りなくなったり、手抜き工事になったりしてはいけないと考え、市役所の基準を元に作成してもらいましたが、危惧した通りレンガが値上がりした、セメントが値上がりした、建材がインドから入ってこない等々、工程が進むたびに必ずと言っていいほど足りないお金の請求が来ました。

さらに作業員も来たり来なかったり。そんな状況でも誰一人として慌てる様子もなく、ひとり竣工《しゅんこう》が遅れた場合の言いわけをあれこれ考える日々でした。

それでも少しずつ校舎ができ上がる様子を見ていると、心が浮き立ったままどこかへ飛んでいきそうな心地でした。学校ができればたくさんの子どもたちがここで学ぶことができる。教育によって子どもたちは大きく羽ばたいていける――。そんな思いが心の中を絶えずめぐっていました。

D 苦戦が続いた学校運営

二〇〇四年、本当に多くの人の助けを受け、念願のヒマラヤ小学校が開校しました。学校という未知の世界に足を踏み入れた子どもたちが、胸をときめかせて授業を受ける姿にグッときました。

スポンジのようにやわらかい頭の中に知識や経験をどんどん吸収して成長してほしい。貧しさに負けないたくましい人になって、社会に羽ばたいていく子どもたちの将来の姿を想像しては、胸が熱くなりました。

こうして気持ちは高まる一方でしたが、なにもかもが初めてということもあって学校運営は苦戦が続きました。

下村《しもむら》湖人《こじん》の『次郎物語』に「無計画の計画」という言葉が出てきます。主人公の次郎が歩いて探検に出発したとき、級友が口にしたのが「無計画の計画」でした。

あてもなく歩き出し、行き当たりばったりですべてを決める探検は、まさにヒマラヤ小

2004年5月、貧しい子どもたちが無償で学べるクラーク記念ヒマラヤ小学校が開校

学校のスタートのときと同じです。実際には決して無計画ではありませんでしたが、どんなに計画を立てても思い通りになることはひとつもなく、すべて粗雑な泥縄の対策でなんとかその場をしのぐ、そんな毎日でした。

学校に通うだけでも子どもたちは大変でした。

朝早くから飼葉や薪を集め、牛乳を配達してから、ようやく教科書を手にして登校することができます。道路もなければ公共交通もないため、山の上の村に暮らす子どもたちは何度も丘を越えながら、二時間以上かけて学校へ通っていました。

開校から数年たってようやく途中の村まで無舗装の道路ができ、バスが走るようになりましたが、片道四ルピーの運賃を払える子は一人もいませんでした。

ネパールでは今も年間数千人の子が隣国へ人身売買されています。道中には人身売買を目的とした連れ去りの危険もあります。

そんな中でも教育を求めて、せっせと学校へ通ってくる子どもたちの姿に胸を打たれる毎日でした。

直面する児童の退学問題

学校運営を続けるなかで直面したのが、児童の中途退学問題でした。

ネパールでは一九五一年に教育省が設置されて以降、学校へ入学する子どもの割合は〇・九パーセントから九四パーセントまで改善しました。

とくに「万人のための教育」や「ミレニアム開発目標」など就学率向上のために行われた国際的なプロジェクトが功を奏した結果だといわれています。ネパール社会では総じて教育が必要だという概念は一般の人にも広がりつつあります。

一九九〇年に打ち出された「万人のための教育」世界宣言は、世界中の人々が男女平等に基礎教育を受けることができる状態にすることを目的に宣言されたものです。

一〇年後の二〇〇〇年に打ち出された「ミレニアム開発目標」では、世界中の人々の初等教育の完全修了とすべての教育課程における男女同数が指標となりました。ただ目標を矮小化《わいしょう》したことで、各国個別の課題が見えにくくなってしまったとの指摘もあります。

こうしてネパールでも就学率は大きく改善したわけですが、残念ながら学校に入学した子どもの多くが中途退学するという現状があります。

ネパール全体では毎年、約一三五万人の子どもが小学一年に入学します。そのうち初等教育の五年生まで残るのは約半分、基礎教育課程である八年生（日本の中学二年生に相当）を終えられるのは、三分の一にあたる約五五万人と報告されています。実に入学した子どものの三人に二人が基礎教育課程まで学ぶことができない状況です。

子どもが中途退学する主な原因は貧困です。学費が払えなかったり、家計を支えるため働かなければならず退学するケースがほとんどです。

その他にも「教育を受けてもお腹を満たすことができない」「女子が教育を受けると神の怒りをかう」といった社会慣習や親の教育に対する関心や理解の低さ、児童結婚や人身売買、カーストなど教育に影響を及ぼすさまざまな社会問題が存在していることも中途退学の原因となっています。

学校で学び続けることができるのは、恵まれた境遇か、教育への十分な理解があり希望を託している親の子どもたちだけなのです。

なんとか継続的に子どもを学校へ通わせてもらうため、子どもが働けない分の保証金として、出席日数に応じて親にお金を渡すことも考えました。

しかし、支援者の理解を得られなかったことや、お金がからむことで入学できた子とできなかった子の親の間で対立を招く恐れがあること、お金を渡すと利己的な父親が酒代などに使ってしまう恐れがあるため断念しました。

その後、インドの貧しい子どもたちのためにつくられた小学校で、児童の出席日数に応じてお金を払っている学校があるとニュースで知りました。状況にもよりますが、退学率を下げるためのひとつの手段としてはそれなりに有効なのかもしれません。

初志貫徹して卒業できたアニタ

ヒマラヤ小学校では子どもたちの不本意な退学を防ぐため、無償教育や学校給食の提供の他、親への職業訓練の実施、家庭訪問で親と対話を重ねるなどの対策を講じています。それでも毎年、一〇人前後の児童が退学しています。学校で勉強することに大きな夢を描いて入学した子どもたちが貧困や社会事情によってその夢を断たれる姿は、いつも切り裂くように胸が痛みます。

山の上の村から道らしい道もないところをかきわけて学校へ通うアニタは、一一歳のとき一年生に入学した女の子です。

父親は幼いころに失踪し、病弱な母親とともに母親の実家で叔父家族のもと、肩身の狭い思いをしながら暮らしていました。いつか学校で勉強したい――。周りの友達や一緒に

貧しさの中でも懸命に学ぶアニタ（左）。卒業し、現在は教師となっている

暮らす従妹が学校へ通う姿を見るたびに、そんな思いを募らせていたそうです。

叔父夫婦は口減らしのためアニタをカトマンズの裕福な家庭で住み込み使用人として働かせようと考えていたため、ヒマラヤ小学校への入学を強く反対していました。

なんとか母親が叔父夫婦を説得してアニタは学校に入学することができましたが、その後も叔父夫婦から繰り返し学校をやめるよう怒号を上げられたり、叩かれたりしていました。

涙に耐えながら丘を越え、強い日差しが照り付ける畑のあぜ道を通って必死に学校へ通ってくるアニタ……。学校への大きな期待と学びに対する純粋な喜び、そして努力を目の当たりにしたとき、身を挺《てい》してでもなんとかしたいという思いを強くしました。

先生たちのサポートや同級生たちの励ましもあって、アニタは初志を貫徹しヒマラヤ小学校を無事卒業することができました。なにより勉強して母親を助けたいという強い思いがアニタをギリギリのところで踏ん張らせたのだと思います。

卒業後は職業訓練を受け、内職をしながら中学、高校へと進学しました。現在はカトマンズ市内で教師として働きながら、母親と2人で肩を寄せ合って暮らしています。

アニタのように懸命に勉強する女の子はかなりの数います。ただ残念ながら卒業の日を迎えられるのはまだわずかです。

学校をつくり、無償の教育機会を提供し、教師を養成し、カリキュラムをつくり、学校を運営することは教育開発にとって、とても大切なことです。しかしそれだけでは課題の克服には直結しないのです。

D 学校で勉強を続けたかったサパナ

二年生で学んでいたサパナ（一〇歳）は、家族とともに西ネパールの村から移住してきた女の子でした。

父親は工事現場で、母親はカーペット工場で、それぞれ日雇い労働者として働いていました。下には一歳半の弟がいて、仕事で面倒が見られない母親に代わり、サパナが弟を抱きかかえながら授業を受けていました。

学校がとても楽しいと誰よりもはやく学校へ来て、目を輝かせながら生き生きと学んでいたサパナ。「たくさん勉強して、将来はヒマラヤ小学校のミス（先生）になるんだ」といつも口癖でのように話していました。

毎日、プレゼントしてくれたノートの端切れに描いた絵には「弟の名前がスルヤ（太陽）だから」と、必ずお陽さまがニコリとほほ笑む絵が描かれていました。両親は教育に一定の理解がありましたので、サパナなら卒業の日まで勉強を続けることができると誰も信じ

学校が大好きだったサパナ。しかし、勉強を続けることは叶わなかった

て疑いませんでした。

そんなある日、サパナ一家が突然、蒸発転居――いわゆる夜逃げ――をしてしまったのです。生活苦から家賃が払えず、借金もしていたようです。突然のことに僕は唖《あ》然《ぜん》として戸惑いました。

村から逃げる直前、サパナは誰もいない学校へ立ち寄って教室のドアに置手紙を残していました。手紙にはたったひと言「Thank you」とだけ書かれてありました。

学校で勉強できたことや大事にしてくれた先生や友達に対する感謝の気持ちだと思います。慌てて書いたのでしょう、文字は乱れ、いつも必ず描いていたお陽さまが二コリとほほ笑む絵はそこにはありませんでした……。
勉強をあきらめなければならなくなったサパナの気持ちを考えると、胸が張り裂けそうな思いがしました。一家がその後どこへ行き、たどり着いた先でどんな暮らしをしているのか、なにひとつわかりません。ただ元気で安全に暮らしていてほしい、そう願うことしか僕たちにはできませんでした。

サパナの家族のように遠方から移住して来た人たちは、周囲に助けてくれる親類や友人もなく、拠って立つところもありません。窮状を抱え孤立した結果、夜逃げという道を選ぶようです。
学校がどこまで児童の家庭に踏み込むべきなのか、今も大きな課題です。教員の中には児童の家庭の問題に関与することに対して拒絶反応を持つ人もいますので、簡単な話ではありません。しかし、あえて踏み込んでいかなければ、子どもたちを不本意な退学から守ることは難しいと思います。

学校を開校してからこれまで、何十人とサパナのような子を見てきました。その度に現実に打ちのめされ、這い上がることができない谷底に落ちたような気分になります。

子どもたちが自ら望む通りに、もう十分と言えるまで勉強を続けられるようになるには、本当にたくさんの障壁を越えなければなりません。そこに国際協力が果たすべき役割があるのだと思います。

屏風を広げ過ぎたら必ず倒れる

現場で活動をしていると、本当にさまざまな問題に直面します。目の前の問題をなんとかしたいという思いで飛び込んでみたものの、気がつけばタスクばかりが増え、すべて中途半端になってしまい、結果的にうまくいかないということがあります。

自分にできることの限界を知ったうえで、今、自分がやるべきことと、やるべきでないことを見極めることは国際協力で大事なことだと思います。

デルフォイのアポロン神殿の入り口に「汝自身を知れ」というソクラテスの有名な格言

が刻まれています。人は自分の能力を正確に把握することがむずかしく、自分のことを知らないために失敗を繰り返すと言われています。

活動を続けるなかで雑多な経験を重ねると、その経験があるために間違うこともあります。

僕たちは学校を開校する以前、主に貧しくて学校へ行けない母子家庭の女子に対する就学支援を行っていました。

支援を行っていた奨学生の姉妹が「自分たちもなにかしたい」と言って、学校に通っていない近所の子どもたちに字の読み書きを教えてくれたことがきっかけとなり、学校のない村に寺子屋を開設して、働く子どもたちを対象に識字と保健衛生の教室をはじめました。

この取り組みが上手くいき大きな手応えを感じたことから、貧しい村々に寺子屋を三〇カ所開設することを目標に掲げ、ピーク時には一二カ所まで寺子屋を増やしました。

医療支援でも鍼灸《しんきゅう》治療だけでなく、へき地での医療キャンプの開催やB型肝炎ワクチンの普及活動、貧しい家庭の子どもたちへの医療支援を行うなど、活動はかなり多岐にわたるようになりました。

さらにヒマラヤ小学校の開校――。

こうして僕は自分の限界をまったく見極めることなく、活動の幅をどんどん広げていったのですが、就学支援に力を注ぐと、治療がおろそかになって患者から苦情が出るようなり、それではとふたたび治療に専念すると、次は寺子屋を見に行く時間がなくなってしまったり、それを取りつくろおうとして奨学生の家庭訪問ができなくなったりと、常に無理を重ねながら活動を続けていました。

それでも、忙しいことは自分に役目があるからだと自分に言い聞かせ、業務効率さえ上げればなんとかなると考えていました。

ところが、そうしているうちに大きな問題が発生してしまったのです。

ある寺子屋で責任者を兼務していた教員が、実際には寺子屋を稼動させていないのに稼動させているように見せかけて給与を受け取り、さらに家賃を横領したり学用品などの備品を売り飛ばしたりしていたのです。

その人の熱意に打たれて、すべてを任せていただけにショックを受けましたが、結局、任せっぱなしにしたことが不正の引き金となったのです。

そんな失意のときに、追い打ちをかけるようなできごとが起こりました。

当時、連絡事務所として使っていた自宅アパートの一室から、私物のカメラやレンズ、現金などが数回にわたり盗難に遭ったのです。

アパートの鍵は別の階に住む家主に預け、奨学生が支援者あてに書いた手紙や毎月の報告書などを持ってきたときなど、留守中でも家主に言えば鍵を開けてもらい、奨学生が自由に出入りできるようにしていました。それまでは自分や団体のスタッフが奨学生の家を訪ね、奨学生や母親とじっくり話をしていたのですが、作業効率を優先した結果、そのようなシステムに移行しました。

盗られたものはすべて戸棚にダイヤル式の南京錠をかけて保管していました。戸棚や鍵が壊された形跡がないので、南京錠の番号を知っている人物が関与していることになりますが、番号を知っているのは奨学生の内、管理を頼んだことがある一人だけ……。

奨学生の顔が頭に浮かんだ瞬間、僕の胸に鋭利なナイフで刺されたような痛みが走りました。

思い当たる奨学生を呼んで問いただすと、大粒の涙を流して盗んだことを認めました。盗んだ物の大半は現物を手元に残していましたが、一部は売って現金にしていました。お金は自分のために使ったわけでなく、すべて友人にモノを買い与えていました。

奨学生はモノが欲しかったわけでも、お金が必要だったわけでもなく、ただ、僕やスタッフに以前のように自分や母親の話を聞いて欲しかったのだと、雨音に負けてしまいそうなくらい小さな声で話しました。

実は当時、学校や僕に関する根拠のない悪質なデマが乱れ飛んでいました。それも奨学生が流していたことがわかりました。学校がなくなれば、みんなが自分たちの方を向いてくれると思ってのことだと……。

うつむいたまま膝の上にぽたぽたと涙をこぼす奨学生を前に、僕は言葉の接ぎ穂を見失いました。

それまで各家庭を回り、奨学生の親子と膝をつき合わせて話をしてきました。特に母親が苦しい胸の内を吐露することは、こちらが思っていた以上に心の支えになっていたのかもしれません。

うれしいときはともに喜び、悲しいときはじっくり励まし、迷ったときにはそっと背中を押す、そんな思いで奨学生たちと向き合ってきたつもりだったのに、忙しさにかまけて彼女たちのことを後回しにしていた自分の弱さを恥じました。


自分の心に余裕がないのに、誰かの心を救うことなんてできないはずです。

自分の限界をまったく理解せず、あらゆるものに手を拡げてしまった結果、僕はすべてを作業効率優先で取りつくろい、大切な奨学生に「盗み」や「流言」といった行動をとらせてしまったのです。


まず自分を知り、なにかをはじめたらなにかをやめる。

現場ではそんな心構えが必要なのだと思います。屏風《びょうぶ》は広げ過ぎたら必ず倒れることを肝に銘じなければいけません。

このできごとを機に僕たちは活動をすべて見直し、ヒマラヤ小学校とそれに関連する活動に一点特化することにしました。寺子屋は一カ所に集約。母子家庭の女子への就学支援は新規募集を停止するとともに、二〇一二年にすべての奨学生が高校を卒業した時点で活動を終了しました。

その間、奨学生たちとは週に一度、必ず顔を合わせるようにした他、医療活動についても患者数に定数を設け、医療キャンプも単身の活動に切り替えました。

その後、奨学生は高校を卒業して働くようになり、毎月決まった日に一定額の債務をきちんと返済してくれました。

約七年かけて完済したお金は、彼女が結婚する際にお祝いとして渡すことができました。彼女の誠実な行動と日にち薬によって、それまで以上に深い信頼関係が構築され、今もささやかな交流が続いていることは僕にとっての大きな喜びです。

問い続けることで見えてくるもの

「開発途上国」であるということは、どういうことなのだろう――ときどきそんなことを考えます。

開発途上国の目指すべきゴールはなんなのか、もしそれが欧米や日本など先進国であるなら、インフラ整備や教育、医療など、途上国の人々の生活改善のために行われているさまざまな開発事業は、すべて先進国の暮らしを模倣し、近づくために行われているのだろうか、もしそうだとしたらこれまで途上国がそれぞれ培ってきた文化や歴史、その地に根差した暮らしは否定され、失われていくことになるのではないか——。

たとえばネパールが日本のようになるとしたら——。

清潔な環境での暮らし、誰もが学校で学ぶことができ、医療も受けられる、冷暖房と断熱が効いた室内で快適に過ごすことができ、水汲《く》みも牛の世話もない生活……ある意味では正しいゴールかもしれませんし、ネパールの人々の目には、そんな先進国の暮らしがまぶしく映っているかもしれません。

しかし、それが本当に人々の幸せにつながるのか、そうなることで払わなければならない代償の方がはるかに大きいのではないか、もしかしたらネパールという国のアイデンティティ自体が失われてしまうのではないか、そんなことを考えると自分のやっていることが、心もとなく感じることもあります。

モノやお金という尺度で考えれば、確かにネパールをはじめ途上国は日本よりも恵まれていません。

でも、人や地域コミュニティの絆を軸に考えれば、日本よりもはるかに豊かだと思います。人間がほとんどむき出しのまま、貧しい中でもくよくよしないたくましさ――。なにごとにおいても些事《さじ》にこだわり、「かくあるべし」の生活を強いられている僕たち日本人の方が、よっぽど非力で弱々しく感じます。

もうひとつ、よく考えることがあります。それは、どんなにすばらしい理想論を掲げ、開発に関する緻密で非の打ち所がない計画を立てたとしても、もともとそこで暮らしている人々がいる限り、僕たち外国人が考えるようにはいかないのではないか、ということです。

結局、どのような問題もネパールで起きたことはネパール的に、インドネシアならインドネシア的に解決するしかないのではないか。

現場から遠く離れたところで議論して、先進国の論理を持ち込んでつくられた計画では、核心をつくことができず、うまく行かないのではないか。

では、国際協力にできることはいったいなにか、なにをどうすれば目的に一歩でも近づけるのか……。


おそらくこれらの問いに唯一の答えはないのだと思います。

でも、こうして批判的思考（クリティカル・シンキング）を通して自分自身に問い続けることで、自分の不十分な考えを点検し、改善策を考えていくことが国際協力ではとても重要なことだと思います。

自分は正しい、間違っていない、という考えをどれだけ捨てられるか、国際協力の現場では常に自分が試されているのだと思います。

D ネパールの人たちによる新しい動き

国際協力に関わって二五年余りが過ぎ、地べたにはいつくばって暮らさざるを得なかった人々の中から、新しい動きが出てきました。

自分たちの生活を、家族を、村を、社会を、自分たちの力で変えていこうという動きです。言えなかった「ちいさな声」を上げられるようになった女性もいます。


ヒマラヤ小学校はこれまで、日本をはじめ諸外国の人々の善意の援助を受けて運営してきましたが、数年前からは社会の近代化によって経済力をつけたネパールの人たちが自ら「自分たちも」と声を上げ、援助してくれるようになりました。

学校は主として児童一人を、支援者一人が支える「スポンサーシップ」で運営していますが、すでに三人の児童がネパール人のスポンサーによって支えられています。今後につながる大きなステップだと感じています。

金銭的な援助だけではありません。

ネパール人の美容師たちが学校へ来て子どもたちの髪を切ってくれたり、旅行会社を経営する人が本や遊具を寄贈してくれたり、海外の出稼ぎから帰って来た卒業生の親が「子どもが世話になったから」と、お祭りの日にカジャと呼ばれる軽食を子どもたち全員に出してくれたりと、ネパールの人たち自身が自国の子どもたちに目を向け、自分たちのできることで手を差し伸べようとする新しい動きが生まれています。そこにはカーストや民族といったくくりは一切ありません。

うれしいことに二〇一九年には、卒業生たちが同窓会を設立し、みんなで学校や在校生をサポートしてくれるようになりました。最近では同窓会のメンバーが少しずつお金を出し合って、数回分の学校給食を支援してくれる動きもありました。

将来的には卒業生たちを学校運営委員会に迎え入れ、彼らと一緒に学校づくりを進めていけたらと考えています。まだ課題はありますが、ネパール社会は少しずつよい方向に動いていることを実感します。

また、同年には運営委員会メンバーの交代が行われました。メンバーの総意として一人、月五〇〇ルピーずつ学校へ寄付することが決まりました。

〝自分たちの学校〟という意識をメンバーが持ってくれたことは、今後につながる大きな希望です。

変動する社会を生き抜く力を

一九九八年、ネパールで暮らしはじめたばかりの頃、貧しさにうちひしがれた人たちを見て、胸をえぐられるような心持がしました。

へき地で開催した医療キャンプでは、お腹がパンパンに膨れ上がり足が棒のように細くなった子や、母親の胸でぐったりとした息も絶え絶えになった子がいました。

わずか数日のキャンプの間には実際に命を落とす子もいました。

その原因が下痢による脱水症状だと知ったときには大きなショックを受けました。亡くなった小さな子どもを抱きかかえ、誰はばかることなく泣き崩れる母親を前に、かける言葉が見つからず、ただ茫然《ぼうぜん》と立ち尽くすだけでした。

もし、この子が日本で生まれていたら……。詮無いこととわかっていながら、そう考えずにはいられませんでした。

なんとかしたい、そんな思いに駆られるまま、ずぶの素人であるにもかかわらず「教育開発」というまったく未知の世界に飛び込みました。

しかし現実は厳しく、あまりの障壁の大きさに逃げ出したくなることばかりでした。

それでも人生にはかならず波があり、浮き沈みがあります。

いつか浮かぶときもあり、いつまでもどん底に停滞するものでもありません。じっとそのときが来るまで耐え忍ぶ、今もそんな気持ちで続けています。


親の教育に対する関心や理解が低く、子どもが学校へ通うことに反対する中、片道二時間以上かけて学校へ通ってくる女子児童の努力と、教育への期待を目の当たりにしたとき――。

はじめて自分の名前が書けたとき、うれしさのあまり教室を飛び出して近くで農作業をしている母親に飛びついた少女が母親と手を取って喜ぶ姿を見たとき――。

それまで日本では体験したことがない大きな恍惚《こうこつ》感に包まれ、学校を開校できてよかった、ささやかながらも国際協力に関わって来たことは決して無意味ではなかった。そんな喜びが心をめぐりました。

ロシアの文豪、フョードル・ドフトエフスキーは、自身のシベリアでの懲役生活をもとに書いた作品『死の家の記録』の中で、「最も恐ろしい刑罰は、徹底的に無益な労働だ」と書いています。

たとえば、水をひとつの桶から他の桶に戻すとか、砂をつくとか、土の山をひとつの場所から他の場所へ移し、またそれをもとへ戻すとかいう作業……。やることに意味が感じられない作業は拷問と同じで、人は目的がないと生きていけないことを物語っています。

この『死の家の記録』について、思想家の内田樹さんは、著書『疲れすぎて眠れぬ夜のために』（角川書店）の中で次のように解説しています。

――同じような労働であっても、そこに他者との「やりとり」さえあれば人間は生きてゆけます。たとえ穴を掘って埋めるだけというような作業でも、人がいて、一緒にチームを組んで、プロセスの合理化とか、省力化とかについて、あれこれ議論したり、工夫したりしながらやれば、そのような工夫そのもののうちに人間はやり甲斐を見出すことができます。

後で埋めるだけの穴であっても、上手く掘ったり、手間をかけずに埋めるノウハウを開発して同僚から敬意を勝ち得るというようなことがあれば、人間はそんな仕事にでも喜びを見出すことができます。

これから国際協力の世界でもっとも要求されるのは、多様でめまぐるしく変動する社会を他者とともに生き抜く力だと思います。

原理とか原則、これまで当たり前と思っていたことに固持していては、多様性と変動の時代に対処していけません。

国際協力に成功のマニュアルは一切存在しません。自分自身が素心になって現場でみんなとともに考え、最善の選択をし、みんなで達成の喜びを共有する。それが唯一の方法ではないでしょうか。

人はともすれば多様性に目をつむりたがります。

でも、もう多様性に目をおおっていられる時代ではありません。多様性を念頭におき、「自分だからできる」「自分ならできる」といった自らの可能性と役割を見つけ出し、現地のみんなとともに社会に貢献をしていくことが求められているのだと思います。

新時代《これから》の国際協力

「国際協力」と聞いてよくわからないという人も「援助」とか「支援」という言葉にはピンとくるかもしれません。

国際協力も援助も支援も同じ意味で用いられていますが、近年では現地の人たちとともに行う参加型の活動が中心となり、主に「国際協力」という言葉が使われるようになりました。

戦後、途上国では国際機関をはじめ先進国の政府やNGOによって多くの開発援助が行われてきましたが、残念ながら十分な成果を上げることができず、貧困は解消されませんでした。

途上国政府の汚職のまん延や人材不足、慢性的な財政難、紛争などさまざまな原因が考えられますが、援助が効果的でなかった一番の原因は、プロジェクトの多くが援助する側である先進国主導で行われてきたことにあると言われています。

途上国の人々が自国の問題としてとらえたり、自らの力で解決を目指そうとする意志が育たなかったりと、どのような援助をおこなっても持続的な発展には至らないケースが少なくありませんでした。

その反省を踏まえ、現在では途上国の人々が主体となって自らの社会問題について考え、どうすべきか、どうしたいのかを決め、それにもとづいて援助国が資金や技術などを供与。さらにお互いに調整をしながら「ともに解決していく」方法が、プロジェクトの潮流として定着しつつあります。

先進国が自分たちの考えや成功体験を押し付けるのではなく、あくまでも現地の人々の考えにそって、ともに問題解決に向けて努力していくパートナーとしての姿勢は、今後ますます重要になると思います。もちろん一人ひとりが当事者意識を持って活動に関わることが不可欠です。

二〇一五年九月、ＭＤＧｓ（ミレニアム開発目標）を引き継ぐ新たな国際社会の目標として、国連総会でＳＤＧｓ（持続可能な開発目標）が採択されました。政府や自治体、企業、非政府組織でＳＤＧｓに掲げられた一七の日標と一六九のターゲットに関するさまざまな取り組みが行われています。

SDGsの特徴は、開発途上国だけでなく先進国も対象となっていることです。人類共通の課題に対し世界中の国々が官民をあげて本気で取り組むことで、貧困を終わらせ、どのような状況でも尊厳を持って生きることができる「誰一人取り残さない」世界を実現することが掲げられています。


SDGs時代の国際協力の現場では、開発にあたってなにをつくるかだけでなく、いかに使うかという視点がますます重要になってくると言われています。

これまでの国際協力の現場では、立派な建物をいくつつくったとか、スペックの高さなど、数値化されたものが判断基準となり、「つくる」視点ばかりが重視される傾向がありました。

これからの国際協力はつくるものをどう「管理」していくのかといった点を考え、現地の人たちを巻き込んで一緒に開発を考え、対等な立場で進めていく「協働」が重要だと言われています。

対話を通じて意見交換を行い、考えを出し合ったりして、関わる人たちがそれぞれ当事者意識を持つこと。結果よりも計画をともに練り上げていくプロセスがとても重要になると言われています。

これから世界はますます近くなり、僕たち日本人も世界中のいろんな人と関わっていくことになります。

しかし、英語や仏語が自由に話せて、その分野の知識や教養、経験があって、という国際人のイメージを固定化して考える必要はまったくありません。

一市民として相手のなにと共感するか、なにをともに成し遂げたいか、どんな社会をつくりたいかによって、多種多様の国際協力の形があっていいはずです。多様性をいつも心にとどめながら、外の世界に目を向けることが大事ではないでしょうか。

途上国には、まだ解決できていない問題がたくさんあります。

理不尽と思われる社会構造や体制、経済格差……直面する障壁の大きさや複雑さを前に、ため息をこぼし逃げ出したくなることもあります。

それでも、抱えている問題を納得いくまでみんなで話し合えば、必ず最善のアイデアが生まれるはずです。みんなでともにチャレンジし、ゴールに向かって前進する。途中、何度も修正を加え、多くの人の力を借りながら、あきらめずに障壁を一つひとつ乗り越えていく――。

多くの制約の中で思い通りにならないことを前提に進めていく、そのプロセスにこそ、大きな意味があるのではないでしょうか。

いつか目指すべきゴールにたどり着いたとき、なにものにも代えがたい大きな喜びを、みんなでわかち合うことができるはずです。

一人ひとりが行動を起こせば周囲に連鎖して無限に広がり、それによって優しさにあふれた社会を形成することができるはずです。

途上国の人々が真に求めているのは決して古着や使い古しの文房具ではなく、共感を持ってともに歩んでくれる「本当の仲間」ではないでしょうか――。

おわりに

早いもので、ヒマラヤの国ネパールで国際協力に携わって二五年が過ぎました。

これほど長い期間、ネパールと関わり続けることになるとは夢にも思っていませんでしたが、これもすべて三億三千のヒマラヤの神々による天の配剤だったと、今では得心するようになりました。

この間、ネパール社会は長い内戦や民主化運動を経て、君主制が廃止され王国から世俗国家へと生まれ変わりました。

近代化の波を受けながら大きく変貌し、二五年前と今を同じように論じることはできなくなりました。近代化による経済発展は人々を幸せにするひとつの要因でしかなく、かえって社会的な関係は悪化し、崩壊を続けているように感じます。

僕自身も病気を機にネパールを離れることになった二〇一六年以降、活動に対する意識は大きく変わりました。

現場を離れたことで見えたことも、却ってぼやけてしまったこともあります。プレイヤーからサポーターに変わる決心をしてから、一つひとつの活動とどう向き合うべきか、今も試行錯誤の毎日です。

現場にいた一八年は、目の前の問題をなんとかしたいと、自分になにができるのか、なにをすべきなのか、答えのかけらも浮かばないまま、一人飛び込んでは厳しい現実を突きつけられ挫折を繰り返す、そんな日々でした。

ネパール社会に深く踏み込む度に、人間の本質をむきだしの形で見せつけられるような気がして、教育の重要性を説いたり、理念を掲げたりすることにひどく狼狽《ろうばい》しました。

幼い妹を負ぶったまま粉塵にまみれてレンガ工場で働く子、鉄格子の奥の暗い部屋でコンクリートの床の上に座り、無言のままカーペットを織る子どもたち。

早く亡くなる子もいました。生きることはどういうことか、何も考えずに生きてきた自分がどれほど薄っぺらな人間か、自分の生き方を深く恥じました。


気持ちが折れ、逃げ出したくなることもありましたが、その度に支援者の皆さんや現地の仲間に励まされ、すんでのところで踏ん張ることができました。

本当に人に恵まれた二五年でした。感謝しているときが一番「幸せ」だと思える自分を手に入れられたことが、国際協力に携わって得た最大の収穫です。


二〇〇四年に開校したヒマラヤ小学校は、創立二〇周年を迎えます。

子どもたちが目の前でパリパリっと殻を割って外へ飛び出し、スポンジのように柔らかい頭であらゆるものを吸収しながら、見る見るうちにたくましい成長を遂げていく姿を目の当たりにしたとき、言葉に尽くせない感動が心を包みました。

子どもたちの可憐《かれん》な笑顔が、遠く離れた今も僕の心をとらえ続けています。


国際協力の現場は自分自身の姿や実社会の奥深さ、なにより人間の強さと優しさ、そして可能性を教えてくれる最良の場所だと思います。

ぜひ、本書を手にした若者が国際協力の「はじめの一歩」を踏み出し、無限の可能性を開花させるきっかけとなれば、これほどうれしいことはありません。

いつか世界のどこかで力戦奮闘するたくましい日本の若者たちと出会えることを、今から楽しみにしています。


最後に、無遠慮で半人前の僕をいつも温かい心で受け止めてくださったネパールの人々、素晴らしいご縁を紡いでくださった保険ストアシュアティの萩野昭子さん、川島光子先生、大江和子さん、菅聖子さん、長年にわたり物心両面で活動を支えてくださる東京・恵比寿「写真集食堂めぐたま」のおかどめぐみ子さん、土岐小百合さんはじめスタッフの皆さんに心から御礼申し上げます。師事する藤田二郎先生と奥様の摩那さんには、いつも親身になって支えていただきました。改めて感謝申し上げます。

また、ふるさと愛媛から活動を応援してくださる「えひめ・ネパールフレンドシップ」の田中永昭会長はじめ会員の皆さん、全国の各ロータリークラブ、ロータアクトクラブ、国際ソロプチミストの皆さまにも多大なご支援をいただきました。

うれしい時も苦しい時も変わらず支えてくださる全国の個人支援者、各団体、企業の皆さま、学校開校にご協力いただいたクラーク記念国際高校教職員、生徒有志、父兄の皆さまに感謝申し上げます。

出版にあたり、旬報社の熊谷満さんには執筆の機会をいただき、拙稿に対して適切なアドバイスをたくさんいただきました。この場をお借りして心から御礼申し上げます。本当にありがとうございました。

二〇二三年　秋

付知峡・山の家にて

吉岡　大祐

ご支援のお願い

ヒマラヤ青少年育英会では、ヒマラヤ小学校へのご支援をお願いしています。お預かりした支援金はヒマラヤ小学校基金を通して、無償教育のために必要な学用品や教科書、制服の購入をはじめ、栄養改善プログラム（給食）や図書室の整備、職業訓練などのプロジェクトに役立てます。下記お問い合わせ先より、支援金の使途をご指定いただくことも可能です。

郵便局（ゆうちょ銀行）から送金いただく場合

郵便振替
口座番号：００１５０－９－３１８４１０
加入者：ヒマラヤ青少年育英会

ゆうちょ銀行以外の銀行から送金いただく場合

振込口座：ゆうちょ銀行（総合口座）
加入者名：ヒマラヤ青少年育英会　　店名：〇一八（ゼロイチハチ）店
預金種目：普通預金　　口座番号：６５３２９１１

講演依頼について

吉岡大祐は日本各地の小中学校をはじめ慈善団体や教育関連団体などで国際協力や夢づくり、教育、人権などをテーマに講演活動を行っています。
講演をご希望の際は、お名前（学校名・団体名、ご担当者名）、イベント名、開催日時（第３希望までご指定いただくと助かります）、内容などを明記の上、下記メールにてご連絡ください。また、ヒマラヤ青少年育英会ホームページからもお申込みいただけます。詳細についてお気軽にお問い合わせください。

お問い合わせ先

E-mail　himarayaschool@gmail.com
ヒマラヤ青少年育英会ホームページ　https://www.ikueikai.info/
TEL 080-1327-7294

著者紹介

吉岡大祐（よしおか・だいすけ）

1976年愛媛県生まれ。22歳で単身ネパールに渡る。児童労働、人身売買、カースト差別といった苛酷な現実を目の当たりにし、現地の仲間とヒマラヤ青少年育英会を立ち上げ貧困家庭のための就学支援活動を始める。その後、小学校の建設を志し、2004年にカトマンズ郊外の村に「クラーク記念ヒマラヤ小学校」を開校。現在までに300人以上が学び、卒業生は弁護士や教師としても活躍。現在は国際協力の現場で長年活動してきた経験をもとに、各地で講演活動などを行っている。「21世紀若者賞」（社会貢献支援財団）「人間力大賞・準グランプリ」（日本青年会議所）。著書に『ヒマラヤに学校をつくる　カネなしコネなしの僕と、見捨てられた子どもたちの挑戦』（旬報社）。

探究のDOOR ③

「わかり合えない」からはじめる国際協力

2024年1月15日　初版第1刷発行

著者　**吉岡大祐**
ブックデザイン　**ランドリーグラフィックス**
編集担当　**熊谷満**
発行者　**木内洋育**

発行所　**株式会社旬報社**
〒162-0041
東京都新宿区早稲田鶴巻町544　中川ビル4F
TEL 03-5579-8973　FAX 03-5579-8975
HP　https://www.junposha.com/

印刷製本　**精文堂印刷株式会社**

ISBN978-4-8451-1846-5

探究のDOORシリーズ

①
僕の仕事は、世界を平和にすること。

川崎哲　1760円(税込)

職業：平和活動家
「僕たちは、戦争という病気を治す医者なんだ」

2017年にノーベル平和賞を受賞した核兵器廃絶国際キャンペーン(ICAN)の中心メンバーであり、ピースボート共同代表をつとめる著者が、平和づくりに体当たりで挑んできた半生を振り返る。

②
コンプレックスをひっくり返す

見た目のなやみが軽くなる
「ボディ・ポジティブ」な生き方

吉野なお　1760円(税込)

〝見た目ガチャ〟ってあるのかな？
いっしょにコンプレックスの
正体を探しに行こう！

だれにも打ち明けず、自分でも見えないように、心の奥にずっと隠しているコンプレックスという名の箱。実は未来の扉を開ける大事な鍵が入っているかもしれません。